No Fluxo da Vida

GROUND
Livros para uma Nova Consciência

Kerima Hora Sauro

No Fluxo da Vida

*Compreendendo o pensamento
e usando-o para melhorar sua realidade*

EDITORA GROUND

Copyright©2007, Kerima Hora Sauro

Revisão:
Mitiyo Santiago Murayama
Antonieta Canelas

Ilustrações de miolo:
Vlad da Hora
A. Sauro

Capa: Niky Venâncio
Ilustração: Vlad da Hora

CIP-BRASIL. CATALOGAÇÃO-NA-FONTE
SINDICATO NACIONAL DOS EDITORES DE LIVROS, RJ

S275f
Sauro, Kerima Hora
    No fluxo da vida : compreendendo o pensamento e usando-o para melhorar a sua realidade / Kerima Hora Sauro. – São Paulo : Ground, 2007.
il.

ISBN 978-85-7187-205-9

1. Paz interior. 2. Paz de espírito. 3. Técnicas de auto-ajuda. I. Título.

07-3869.		CDD: 158.1
		CDU: 159.96
10.10.07	11.10.07	003872

Direitos reservados:
EDITORA GROUND LTDA.
Rua Lacedemônia, 85 – Vila Alexandria
04634-020 – São Paulo – SP
editora@ground.com.br
www.ground.com.br

~ No Fluxo da Vida ~

Enquanto estudo, pesquiso e me uso como experiência de mim mesma, vou retornando ao passado...

Lembranças se fundem com vivências e lições atuais e nomeiam minha aparente e verdadeira essência de SER/ESTAR.

Experiências vividas se encaixam na nova ciência, saltando fora do misticismo, tomando forma, recebendo uma "credibilidade" que para alguns parecia impossível.

NO FLUXO DA VIDA é uma viagem na qual você encontrará diálogos interiores com respostas baseadas na ciência, porém de forma simples.

É uma constante conversa comigo mesma onde um dos lados é sempre você.

Eu sendo Você, meu Eu Interior sendo Você, vendo e percebendo Você.

Você, companheiro que me encontra ao acaso; você, filha; você, mãe...

Você, marido; você, amiga; você, pai...

Você, professor; você, aluno; você, desconhecido que me olha ao cruzar na estrada...

Você, colaborador profissional; você, cliente...

Você, limpador de pára-brisas; você, vendedor do mercado...

Você, que está distante de mim e nem sequer sabe da minha existência...

Você, irmão e irmã de sangue...

Você, irmã da alma!

Você!

~ Sumário ~

Prefácio 9
Introdução.. 13
A palavra 15
Capítulo I – Questionamentos................................... 19
Capítulo II – Aceitando a verdade do outro 29
Capítulo III – Descobrindo minhas células 43
Capítulo IV – O cérebro e a mente............................. 51
Capítulo V – O Ambiente no qual vivo...................... 67
Capítulo VI – Entrando em ressonância com
  .   seu ambiente... 75
Capítulo VII – Egoísmo?... 83
Capítulo VIII – Revendo o olhar 99
Capítulo IX – Os sinais... 109
Capítulo X – De onde vem a percepção? 119
Capítulo XI – Iniciando o exercício da mudança................ 131
Capítulo XII – Quando a resistência persiste 141
Capítulo XIII – As emoções 147
Capítulo XIV – A gratidão 153

Outros olhos, ... 163

~ Prefácio ~

Costumava aceitar o que me acontecia como se fosse o meu "destino", mesmo que a realidade fosse contra meus anseios e esperanças.

Se investia o máximo em mim, se tinha paz no coração, se perseguia resultados com determinação e ainda assim algo dava errado... paciência. Eu aceitava como se aquilo realmente fosse o que deveria acontecer.

Sempre dizia: tudo tem o seu tempo!

Lembro-me de uma passagem engraçada: alguém falava sobre uma jovem censurada pela mãe e pela irmã por não ter namorado.

Achavam que já era tempo de vê-la apaixonada. Afinal, estava com 16 anos!

Elas não sabiam que a moça já havia tido algumas paixões. Umas platônicas outras verdadeiras e até correspondidas.

Mas ela simplesmente deixava que o tempo certo chegasse para poder expressar para o mundo as suas vivências afetivas.

Enquanto insistiam para que a moça olhasse para os rapazes que a flertavam, ela dizia: *Deixem disso, tudo tem o seu tempo! Se aparecer a pessoa certa, acontecerá.*

Mas elas queriam vê-la feliz carregando aquela vibração maravilhosa dos adolescentes apaixonados.

O que essa moça fazia e dizia, vem ao encontro do que hoje compartilho com vocês.

Precisamos aceitar que aquilo que parece maravilhoso para mim, pode não ser adequado para o outro, pode não ser bom para aquela outra vida que tem diferente herança energética.

Com a experiência da vida e com a descoberta interior, percebi que não posso dar jeito na vida do outro. Não posso julgar o que é melhor para minha filha ou para minha amiga, não posso aceitar que meu julgamento é a única resposta certa para a vida daquele que está perto de mim.

Não é porque amo, ou porque carrego sangue do mesmo sangue que posso julgar e decidir pelo outro. Devo respeitar a sua individualidade e procurar mostrar o que eu sinto em relação a uma situação, mas a resposta, a reação do outro deve ter o meu respeito.

Eu posso analisar, investigar a minha vida e através de minhas sensações decidir o que está de acordo com o fluxo da vida que desejo.

Minha mudança de ação causará mudança em meu ambiente e nas pessoas que me cercam.

Não é minha intenção mudar ninguém. A única pessoa, o único mundo a ser modificado por minha vontade é o meu interior, mas nessa mudança criarei novas realidades externas.

O objetivo é compreender que o meu pensamento muda a minha realidade.

Mas quando desejo muito uma coisa e ela não acontece, inicia-se grande confusão. Começo a entrar em contradição quando digo que alcançando ou não o resultado esperado, eu o aceito como sendo assim que teria de ser (considerando o meu esforço investido no desejo do resultado).

É preciso entender melhor como funcionamos para compreender o que estou tentando expressar.

Prefácio

Dentre as tristezas da vida, posso me sentir grata e em paz comigo mesma e talvez esteja aí também um segredo para entrar no fluxo de uma vida melhor.

Pessoalmente, posso dizer que embora tenha passado por momentos difíceis, sempre fui uma pessoa feliz.

Parece banal? Acha que acredito e aceito um destino pré-determinado?

Não... Não acredito em destino pré-estabelecido.

Nós temos a capacidade de mudar nosso caminho de vida. Somos livres para mudar e não vítimas de uma vida que não desejamos.

Descobri que os cientistas vêm há anos pesquisando as atitudes que dão resultados positivos na vida das pessoas mas que não eram explicadas cientificamente ou por que surtiam tais efeitos.

O que antes era misticismo, religião, curas sobrenaturais, hoje é ciência, física quântica, um novo paradigma cientificamente comprovado.

Portanto, a simplicidade da vida voltou a se mostrar para mim com tamanha força que quase me arrancou de meu mundo material e corporativo, do trabalho que realizava, para me dirigir a você por meio de palestras, encontros de troca de informações e deste livro.

As religiões e os conceitos estão fora de discussão, mas tiro alguns exemplos da religião, mais especificamente os relacionados à FÉ e às orações.

Entro na nova ciência, na nova física, nos novos e estranhos paradigmas de uma forma simples e podemos dizer que um tanto quanto superficial. Indico sites e livros para que você, se desejar o aprofundamento no assunto, busque outras informações.

Da ciência, dou exemplos retirados de livros que li, de palestras e de pequenos cursos vivenciados, mas a idéia é passar informações de forma a atingir aqueles que querem resultados rápidos sem se preocupar muito com a "mecânica", que aceitam as informações pelo simples fato de hoje existirem inúmeros experimentos científicos que dão o seu aval.

Nem todos sabem como a água é purificada até chegar ao copo. Bebemos e usufruímos desse potencial sem precisarmos de conhecimentos mais específicos. E assim é este livro. Ele diz a você: "A água faz bem, beba-a se sentir sede." E você pode abrir a torneira sem se preocupar; alguém (a sua consciência) está trabalhando para que tudo funcione e chegue até você.

É mais ou menos isso que acontece com nosso pensamento. Ele é forte, ele transforma, assim como a água que mata nossa sede.

O pensamento preenche nossos desejos. Você só precisa saber como identificar seu desejo, como processá-lo e como exercitar esse processo para que a transformação de seu pensamento em realidade se torne automática. Assim como é automático o ato de abrir uma torneira para matar a sede.

Minha linguagem é para quem gosta de simplicidade e deseja sair de seu mundo "complexo" para criar uma nova realidade.

Trago a você os novos conhecimentos embasados em fatos, experiências e resultados científicos comprovados.

Você poderá incorporar essa nova idéia, esse novo programa mental em suas experiências de vida se assim o desejar.

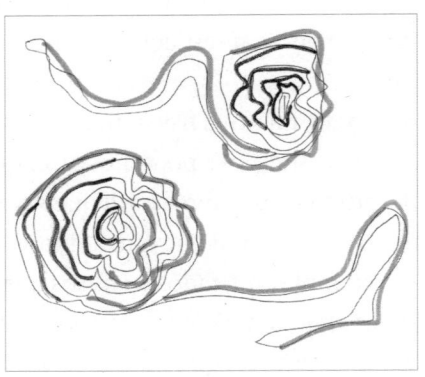

Introdução

~ O Início ~

Mas... como tudo começou?

Falarei de mim, de você ou da humanidade?

Bem, ao falar da unidade do Ser, estarei falando desse todo que é a vida.

A minha vida, a sua vida, a nossa vida continua sendo um grande mistério, um grande desafio para a compreensão da Criação.

Vamos então tentar compreender essa máquina humana que utiliza somente 5% de sua força mental. Vamos entender seus movimentos, suas respostas e criações.

Há quem diga que tudo começa na data de nosso nascimento... outros dizem que a nossa história vem de muito antes.

Vou instigar sua curiosidade convidando-o a pensar sobre isso e a se perguntar a cada novo dia:

De onde vim?

Para onde vou?

O que estou fazendo aqui?

Será este o meu propósito de vida?

O que é a felicidade para mim?

O que eu quero de meu presente momento?

Será que estou querendo viver o futuro mas continuo preso ao passado, esquecendo que é no presente que as coisas realmente acontecem?

O que é amar ao próximo?

Sei expressar meu amor, minha essência?

Enfim, é assim que começa a nossa mudança.

Devemos voltar a ser aquela criança curiosa que pergunta... e pergunta novamente.

Espero que se divirta viajando por estas páginas, conhecendo meu mundo "encantado", e que dele consiga tirar algum exemplo que lhe seja útil.

Vou contar a você, fragmentos de vidas que servirão como exemplo daquilo que eu chamo "estar NO FLUXO DA VIDA".

Assim como na física quântica, saltarei do passado remoto ao passado recente. De uma visão do futuro para o momento presente.

Tudo estará relacionado a vivências. A cronologia não existe como seqüência, mas sim como simples marca de seu próprio tempo.

Então??? Estou no FLUXO DA VIDA?

Questione-se na primeira pessoa e no tempo presente.

~ A Palavra ~

Estar no fluxo da vida!
O que isso pode significar?
Em verso, em prosa, em palavras soltas que nada significam
e tudo podem;
Quero me expressar.
Mas... Palavra...!?
Como posso te usar se tantos significados encontram em ti,
não importando quem sejas?
Significados mil até mesmo para ti que és soberana
e que és a base de tudo nessa vida – AMOR.
Como posso confiar a minha alma, os meus desejos a ti, palavra escrita?
Questiono-me. Questiono os anjos e Deuses sobre como te usar.
Tu és grande e tens força...
Tu és sábia em teus inúmeros significados...
Tu és a própria existência do meu expressar.
Mas continuo a me questionar: como posso te usar
se em cada uma, mil significados podem jogar?
Preciso arriscar!
Em minha eterna busca de tua essência;
Na certeza de tua força hei de encontrar a minha palavra.
Expresso aqui um pedacinho de mundo te usando,
E nas explicações que me permites dar,
Carregas em ti o mais profundo significado do que eu quero passar.
Mas quem me ouve, quem me lê...
Encontrará em ti somente o que precisar.

Ou será que quem me ouve e quem me lê...
Encontrará em ti somente o que desejar?
Física quântica daqui, ciência de lá;
E tu continuas a me perturbar.
De que me adianta falar se quem me lê somente
receberá o que está pronto para aceitar?
Ah! Palavra querida! Descobri que o que interessa é mesmo te usar!
Mas... que dilema!!!
Antes de te usar, em minha mente nasceste imponente.
E nasceste já dizendo: aqui quero ficar!
E como meu cérebro é casa que todos recebe,
só me resta te interpretar.
Interpreto... sinto... te percebo em minhas emoções.
E agora: aceito ou rejeito?
Eh palavra... te aceito!
Te jogo no ar e deixo ao outro a liberdade de te aceitar.

A Palavra

Assim como as palavras, que têm seus significados precisos descritos em dicionários e mesmo assim damos a elas o significado que desejamos, são as situações de nossa vida.

Não sei se em outras línguas também conseguimos dar tantos significados diferentes às palavras, mas na vida, sei que sim. Tudo depende de como estamos captando, de como estamos absorvendo as informações.

Os vários significados e verdades das experiências não estão na forma de quem as expressa e sim na forma de quem as recebe. E como somos viciados em nossas percepções!

Não queremos abrir mão de como pensamos, do que acreditamos, daquilo que aprendemos. Não queremos abrir mão da possibilidade de que o que eu vejo possa não ser o que você esteja vendo.

Quero conversar com você, abrir meu coração e minha alma, onde está armazenado todo o meu saber. Um saber que acredito ser energia e que acredito também sirva para lhe abrir novos caminhos, mas que não lhe ensina.

Ops! Olha um novo significado para o aprender e ensinar.

Na visão mais óbvia, aprendemos! Mas o aprender, para mim, caminha paralelamente ao recordar. E o descobrir, ao redescobrir.

Eu "aprendi" muitas coisas na vida. Muitos foram os meus mestres. E muitos desses aprendizados pareciam mais formas de nomear experiências e sentimentos que eu já carregava.

Minha gratidão é eterna pelas aberturas de canais que meus mestres me deram.

Sempre que penso em todos que me ajudaram nesta caminhada, um enorme sentimento se faz presente em meu ser e se expressa com tamanha força que o reconheço claramente como gratidão.

Aceite que além de sua verdade, existe a verdade do outro, em qualquer que seja o contexto da vida.

Capítulo I
~ QUESTIONAMENTOS ~

Questionamentos e questionamentos...
Quem sou, de onde vim, para onde vou?
Não, não quero mais me questionar.
Eu sou, simplesmente sou!
Ou eu estou?
Acabei de dizer que não quero mais me questionar.
Mas sinto que o não querer me faz a curiosidade aguçar.
Pois é, quem sou?
Perambulando pela vida, encontro mil e uma respostas...
Sou a mãe, a filha; sou a esposa, a amiga.
Sou a criança se exprimindo num corpo de adulta ou
Sou a adulta brincando de ser menina?
Eh... quem sou eu em relação a minh'alma?
Quem sou eu para a ciência?
Ah! O que importa?
O que importa é o que sou para mim mesma! É o que sinto!
E sinto que faço parte de um mundo que amo, que me apaixo-
na, que me faz rir e chorar.
Faço parte desse mundo que vive em busca de descobertas...
Um mundo que sofre, que grita, que se desespera por não saber
andar...
E por "saber" se levantar.
Mas eu sei quem eu sou!
Eu sei!
E... Quem sou?

Sei?!
O que fui quando ainda não sabia falar?
O que fui antes de aqui chegar?
Será que sei o que sou?
Enquanto a vida me faz presente;
Enquanto aqui estou a me questionar;
Sou, simplesmente sou o que estou.
E a vida segue a rolar...
Quem sou?

Perguntas como: Quem sou eu? O que sou neste corpo que um dia morre e se decompõe?

Para onde vou? Porque estou aqui neste momento se meu desejo é estar em outro lugar?

Por que estou triste? Como me tornar uma pessoa feliz e manter essa felicidade?... São perguntas que devemos carregar sempre conosco para podermos compreender se estamos num fluxo que nos levará à realidade desejada.

Quando me olho no espelho e me vejo...

Sou um ser humano, uma pessoa carregada de lembranças, de experiências e sentimentos.

Será que sou isso mesmo?

Eu achava que sim, mas agora, tudo o que eu acreditava ser, e tudo o que era difícil ou impossível de acreditar, começa a mudar ou a ter nova resposta pelo olhar da física quântica e da nova biologia.

Com esse novo olhar, posso me ver no espelho e me aceitar como uma comunidade de células, de elétrons, de fótons... sou eletricidade, sou freqüência vibracional.

Sou energia vibrando em freqüência que entra em sintonia com outras e vive buscando ressonância com aquilo que vibra.

Quando vibro, essas freqüências determinam qual tipo de células está sendo gerado e como posso controlar sua multiplicação.

Quanta novidade para mim!

Comecei a despertar para o mundo do invisível quando iniciei meus estudos de Feng Shui e, de repente, já estava num fluxo de vida diferente daquele que eu vivia. E isso de certa forma me confundia, mas agradava.

Mudando algumas coisas de lugar, e me trabalhando com meditações, comecei a modificar os sinais que estavam sendo enviados e a forma como eu os estava recebendo. Isso foi fazendo a diferença e possibilitando que eu descobrisse uma nova realidade em mim mesma.

Algumas vezes, duvidei de minha alegria por estar nesse novo fluxo e quis voltar atrás.

Mas meu estado de ânimo era verdadeiro, vinha da alma e, assim, estou cada vez mais atenta a minha vibração e aos meus desejos para seguir no caminho de meu propósito de vida.

E continuo desejando estar dentro desse fluxo, vibrando alegria, vibrando otimismo, vibrando amor e o grande desejo de compartilhar meu entendimento para que você também encontre seu fluxo ideal.

Vivencio desentendimentos, dificuldades financeiras e alguns problemas de saúde como todo mundo, mas continuo buscando melhorar minha vida utilizando a medicina tradicional junto com florais, Reiki, toques quânticos e homeopatia.

Outras curas estão se tornando corriqueiras: meditação e pensamento focado. Uso-as sempre que qualquer sinal de desvio do meu fluxo de vida aparece.

Utilizo meus momentos de dificuldade para compreender e aceitar ou não tal vibração. Com minhas experiências, consigo compreender melhor onde está meu fluxo de vida desejado. Com a atenção direcionada àquilo que está vibrando em mim, compreendo melhor a direção que devo tomar. É como se qualquer doença, qualquer problema que eu encontre fosse uma espécie de desvio que se apresenta na estrada para que eu não caia em algum abismo nem encontre nenhum obstáculo a minha frente.

Qualquer sentimento que me faça estar mal é um sinal para ser decodificado e transmutado. E essa transmutação começa a acontecer em meu pensamento e na aceitação dele; uma verdade possível de ser alterada.

Mas será que quero mudar realmente? Quando, por exemplo, ouvimos de um amigo uma crítica sobre nosso comportamento ou nos sentimos ofendidos por nossos pais por não nos darem permissão para irmos a uma determinada festa usando o carro da família; ou ainda por nosso chefe ter chamado nossa atenção pelo horário que chegamos (e o atraso ter sido por culpa de um mal-estar sério de um filho); qualquer que seja a situação... É esse mal-estar que nos orienta no caminho que escolhemos seguir. Se a raiva, a revolta, a tristeza estão nos deixando mal, é obvio que estamos nos desviando do nosso fluxo. A consciência chegou e está na hora de decidir mudar o pensamento. É nesse ponto que se inicia o processo de alternância da freqüência. E é aí que vêm também nossos pensamentos baseados naqueles sentimentos de orgulho, desejo de vingança, tristeza. As mesmas emoções que nos advertem que estamos saindo do fluxo nos mantêm firmes nesse desfluxo. Para reverter isso, temos que deixar de lado o orgulho, a tristeza, a dor e a revolta e criar um novo pensamento baseado em acontecimentos mais agradáveis.

Mesmo achando que seu amigo vai achá-lo um idiota ao aceitar a crítica dele, aceite-a e procure tirar algo de bom dela. Mesmo achando que seus pais não têm razão, aceite a decisão deles como zelo. Tenha compaixão por eles, que estão apenas se preocupando com a sua vida. Mesmo achando que seu chefe é insensível, crie um pensamento bom para ele. Acredite, ele não sabe o que está dizendo. Diga, sem revolta, o que causou seu atraso e se ainda assim ele ficar aborrecido, tenha compaixão por ele e por você, que precisa sair desse fluxo.

É um exercício contínuo de observação de seus sentidos e pensamentos que se inicia em situações de pouca importância e vai se ampliando à medida que você cria o hábito da mudança de freqüência através do sentimento.

Se você está se sentindo fora de seu fluxo e ainda não compreendeu o que significa estar no FLUXO DA VIDA, convido-o a descobrir comigo como funcionamos e o restante será revelado.

Este livro traz informações baseadas em estudos científicos, portanto, faça as experiências e constate os resultados. Faça alguns dos exercícios que encontrará no decorrer de sua leitura. Comece com coisas pequenas que você consiga identificar claramente terem sido geradas por sua vontade e pelo simples foco do seu pensamento/emoção.

Pode tentar também com grandes mudanças e aí, sim, verá claramente o quanto você é poderoso.

Lembre-se que o julgamento, a desconfiança, tudo o que o impeça de experimentar algo novo, vem do seu pré-conhecimento de que a sua realidade é aquela que está fora. Vem da nossa cultura, das experiências vividas que nos deixaram marcas. Qualquer pré-julgamento sem um experimento real está fora de um pleno entendimento do que a física quântica vem nos dizendo.

Você não pode dizer que não gosta de uma fruta se não a provar. O fato de ela ser diferente não significa que não agrada ao seu paladar. Experimente e saberá seu verdadeiro sabor.

Questionamentos

A culinária japonesa é um bom exemplo. Muita gente não gosta de comer os pratos com peixes crus ou até mesmo peixe.

Sou um exemplo disso. A primeira vez que me levaram a comer *sushi* e *sashimi* eu não gostei do paladar. Provei um pedacinho de atum. Não consegui sequer engolir. Em seguida, arrisquei um *ossomaki* de pepino (são aqueles enroladinhos de alga e arroz com pepino). A alga também não me agradou naquela ocasião.

Mas eu não desisti e tentei outras vezes, provando algo diferente, procurando entender onde estava a beleza daquela comida. Aos poucos, fui aceitando. Hoje a culinária que aprecio em primeiro lugar é a japonesa.

Ela é leve, de bonita aparência, saborosa e faz bem à saúde.

Adoro ir a um restaurante japonês! Se não fosse a minha insistência, continuaria rejeitando essa maravilha.

É tudo uma questão de treino, de entendimento do que possa nos causar o bem e compreensão de que para usufruir desse bem temos de agir.

Outro dia, uma amiga de minha filha trouxe uns gafanhotos torrados e secos e disse que era para comer. Estranhamos, pois aqui no Brasil não temos esse costume. Mas seu pai havia trazido de algum lugar por onde passou e ela queria que provássemos.

Estranho comer gafanhotos para nossa cultura, assim como é da cultura indiana considerar a vaca um animal sagrado ou, para os coreanos, comer macacos.

Existem pessoas que vêem a cor de sua aura. Existem também aqueles que conseguem ver sua vibração e como ela está sendo compartilhada no universo.

Existem aqueles que curam com sua simples presença.

É estranho para quem não está familiarizado com esse tipo de "visão" ou ação (compartilhamento de energias).

Enfim, devemos estar atentos àquilo que nos faz bem ou que nos promete o bem e, através de nossas percepções, aceitar ou não entrar nesse fluxo de energia.

Precisamos nos abrir para as outras realidades e entender nosso mundo. Onde e como queremos estar dentro dele.

Qualquer limitação está fora dos novos paradigmas.

Existem inúmeros filmes e livros que falam da lei da atração e da força que temos no pensamento. Eles não são de hoje, mas nos tempos atuais encontramos fundamentos do que dizem na física quântica, na nova biologia, na neurociência...

Estou me baseando nesses novos estudos para chegar ao meu objetivo, que é acender algumas luzes dentro de seu entendimento sobre quem é você neste mundo chamado VIDA.

Precisamos entender quais limitações estão nos desviando do fluxo e quais estão nos levando a um desvio necessário. Tudo são sinais. Precisamos compreendê-los para decodificá-los e conduzir nosso fluxo.

Você precisa abrir o coração para o novo. Precisa abrir a mente. Precisa estar atento aos seus pensamentos e, mais ainda, aos seus sentimentos, às suas percepções dos sinais que recebe no seu dia a dia.

Seus sentimentos levarão você a compreender se está no fluxo que deseja ou não. Será através deles que poderá tomar decisões conscientes se deve ou não mudar o foco de seu pensamento. Sentir se você realmente quer essa mudança.

Será uma simples questão de escolha que primeiro parecerá forçada, falsa, mas que com o tempo se tornará automática, se tornará uma resposta natural de seu cérebro e de sua mente ao seu dia-a-dia. A atenção deve ser redobrada, pois quase sempre repetimos a mesma forma de reagir aos sentimentos. Para fugir dessa rotina, precisamos querer mudar. Para sairmos de um vício, precisamos usar nossa vontade através da consciência desse desejo.

- *A ciência comprova algumas experiências que antes eram consideradas acontecimentos místicos.*
- *Eu sou responsável pela minha realidade.*
- *Sou uma comunidade de células.*
- *Sou energia e vibro em determinada freqüência.*
- *Minha freqüência atrai freqüência similar.*
- *Focando a atenção no que vibro (sinto), posso escolher o caminho que quero seguir.*
- *Exercitar para compreender através da absorção da informação.*
- *Abrir-se para o novo.*

Capítulo II
— ACEITANDO A —
VERDADE DO OUTRO

Quem és tu, companheiro de vida?
Se de mim nada sei, quem sou eu para de ti saber?
Onde está a tua verdade?
Por onde andas, realidade que tantas faces tens?
Tu...
Amigo que choras em meus melhores momentos;
Que carregas a raiva no peito;
Que gritas desejando a morte quando mais desejo a vida!
Tu...
Amigo que ri;
Que canta o amor e dança a dança da vida quando mais preciso de ti.
Onde está a tua verdade?
E que verdade está contida em mim?

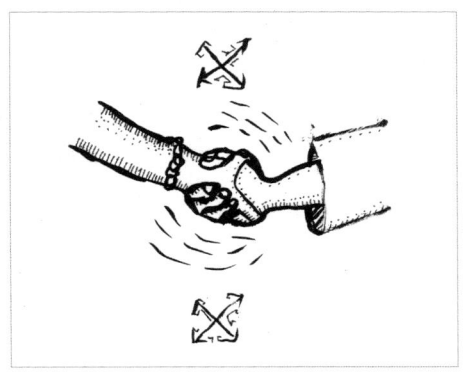

Aceite a verdade do outro sem preconceitos. Aceite com compaixão, aceite totalmente.

Tenha compaixão também por si próprio e por suas vivências.

A minha verdade pode não ser a sua mas, para mim, ela funciona, é autêntica. Assim como a sua, pode não ser a minha, mas nem por isso devo julgá-la ou negar que ela exista.

O fato de não concordarmos, de minha energia não estar em plena sintonia com a sua, não significa que não possa existir outra realidade.

Vejamos uma pessoa que aparenta estar bem de saúde. Os exames mostram isso, mas ela insiste em se queixar de dores no estômago, nos ombros, nas pernas.

Por não aceitarmos a verdade dela, por julgarmos com base em resultados também externos, nos irritamos e deixamos que aquele mal-estar interfira em nosso organismo por meio de nossa não-aceitação.

Ela realmente sofre, não obstante as máquinas não detectarem. Sua energia, seu pensamento estão criando uma química que está afetando seu corpo e causando as dores. São energias bloqueadas, fora do fluxo de vida que ela escolheu.

Assim começam as doenças e se você compreender o processo pode evitar de forma consciente que ela realmente afete seu físico.

Toda doença, antes de se manifestar, passa pela energia espiritual. Depois, ela chega ao seu emocional e somente então a detectamos em nosso físico.

Energia bloqueada por traumas psicológicos, medos, culpas, experiências vividas etc., afetarão profundamente nosso corpo e os exames mostrarão seu desequilíbrio.

Esteja atento às suas percepções e ao que elas estão fazendo com você.

Se você se deixa influenciar por um sentimento de revolta pela verdade da outra pessoa, estará iniciando um processo de fabricação de células, de neurônios, de elétrons, de proteínas que estarão também fora de seu fluxo e assim, em breve, também estará sentindo algum tipo de desconforto físico e atraindo uma freqüência similar para entrar em ressonância com a sua.

Quando nos deixamos envolver pela realidade do outro, nosso inconsciente responde àquela realidade buscando experiências passadas que vibram em freqüência similar, e passa a criar novos circuitos que ampliarão aquela resposta sempre de acordo com o que ela está vibrando.

Alegria vibra alegria ou bem-estar; medo vibra medo, culpa ou qualquer sentimento relacionado a situações que ocasionam o medo; ansiedade vibra ansiedade ou sentimentos similares.

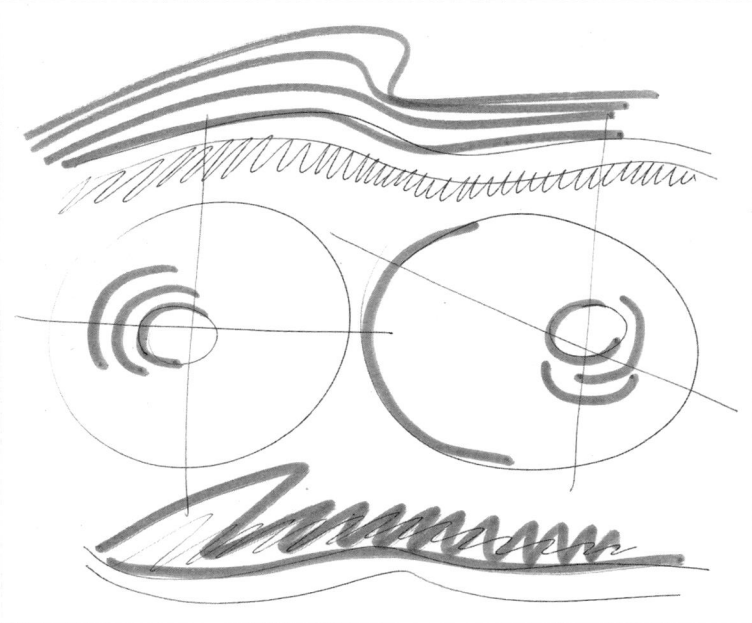

Se fomos vítimas de um assalto no passado e não nos trabalhamos para que a vibração do medo daquela ocasião seja alterada dentro de nós, estaremos atraindo algumas situações tão desagradáveis quanto aquela que passamos.

Sim, porque além de atrairmos situações similares com nossa freqüência, responderemos também aos sinais que recebemos do nosso meio com aquela informação que ficou armazenada no inconsciente.

Isso pode nos colocar em situações desagradáveis como a de uma amiga que entrou num supermercado e se assustou com a simples presença do novo gerente, que gentilmente se aproximara para lhe perguntar se ela estava procurando algo e se ele podia ajudá-la.

Ela, assustada com aquela presença, antes mesmo de ele explicar quem era e já desesperada, inicia um diálogo como se o rapaz fosse um assaltante. Ela pede para que ele não lhe faça mal, diz que fará o que ele disser e ele também começa a se desesperar, pois aquele era seu primeiro dia de trabalho e, por isso, havia chegado de um jeito um tanto quanto "suspeito".

Seja qual for a situação, se não estivermos conscientes do momento presente, de quem somos ou de que experiências são válidas para serem reforçadas em nossa memória e quais podem e devem ser produtoras de novos circuitos de movimentos, responderemos de acordo com uma memória passada, de acordo com os circuitos gerados anteriormente.

Vou lhe contar um evento vivido por uma jovem de 22 anos em uma viagem à Europa. Ela estava sozinha, vestida elegantemente, indo visitar um familiar que não via há tempos. Chegando ao aeroporto de destino, telefonou para seu parente e perguntou quanto tempo levaria do aeroporto até a estação de trem, quanto poderia custar o táxi, e mais ou menos como era o caminho (ela nunca tinha ido a esse país, não falava a língua local e estava sozinha).

Pois bem, dentro dela já tinha sido armazenada a informação mental de que teria que saber tudo isso "para o caso de pegar algum mau elemento como taxista" (foi enviada a mensagem para o cérebro, que criou o circuito do medo, apesar de "estar se sentindo corajosa e esperta o suficiente" para *se sair bem* de qualquer situação de perigo). Ela não tinha as informações que temos hoje e não existia uma explicação coerente para o ocorrido. Só sabia que poderíamos utilizar o poder da mente (ela acabara de fazer um curso chamado Silva Mind Control) e estava fresquinha com as informações que havia absorvido.

Após o telefonema, foi atrás de um táxi e, antes ainda de chegar à fila, um chofer veio ao seu encontro falando em espanhol e lhe ofereceu seu táxi. Inicialmente, ela relutou, mas ao questionar o tempo até a estação, o valor e tudo bater com as informações adquiridas anteriormente, aceitou. Tudo isso em língua diferente.

Quando o motorista foi colocar a bagagem no porta-malas, seu inconsciente (você vai entender por que digo o inconsciente) detectou algo que a fez escolher sentar no banco da frente do carro. Era daqueles carros de duas portas e, se ela ficasse atrás, não teria como sair "caso algo acontecesse" (mais uma vez, ela estava dando a ordem para o cérebro de produzir uma certa freqüência que iria buscar ressonância).

Entraram no carro e deram início à viagem. Depois de um certo tempo, ela notou que estava saindo da auto-estrada. Começou então um diálogo meio em português meio em espanhol com o chofer. Um moço bonito, idade entre 25 e 35 anos, de bigode e cabelos castanhos; muito bem apresentado. E nesse diálogo ele disse que a estava levando para um parque antes de levá-la para a estação de trem.

Seu coração disparou, o cérebro começou a dar curto-circuito... pensou daqui, pensou de lá... Buscou informações de perigo, buscou a força das pernas (ela era atleta, treinava atletismo e se sentia bastante forte para correr e ele não a pegar), buscou idéias de ação e a observação do mundo externo começou a se aguçar.

O chofer tentou pegar sua mão, como se quisesse acariciá-la. Ela retirou a mão e começou a se comportar como se o conhecesse. Surpreendeu-se com sua própria reação. E, no diálogo, fez de conta que nada de estranho estava acontecendo. Disse que iria ao parque com ele, mas primeiro ele precisava levá-la à estação para saber o horário dos trens para a cidade aonde ela estava indo. Ele insistentemente queria alcançar suas mãos, dizia que não, que antes ia levá-la ao parque e, logo em seguida, disse que ia fazer amor com ela.

Já se encontravam numa região onde havia apenas casarões em meio a gramados, todos fechados, nenhum pedestre pelas ruas e ela pensava: *Como posso sair daqui agora? Se eu sair, ele poderá me pegar.* E naquele momento lhe veio à mente o que seu inconsciente havia captado quando decidiu sentar-se na cadeira da frente. Ela o reviu se abaixando para pegar suas malas quando notou algo saliente como se fosse um revolver por baixo do blazer dele. Seu coração solicitou-lhe muita frieza. Uma ordem de seu cérebro disse: *Você tem que se acalmar, você vai sair dessa. Fique fria, observe a hora certa e pule desse carro.* Daquele momento em diante, ela passou a buscar uma luz fora, uma pessoa, qualquer coisa que pudesse ajudá-la a sair daquela situação quando ao longe avistou alguém caminhando pela calçada e imediatamente pensou que aquela seria a sua chance. Aproximavam-se de um semáforo e ela sentiu que aquela seria a sua chance.

O sinal ficou vermelho e quando viu de perto aquela pessoa que havia avistado de longe, percebeu que era uma mãe passeando com um carrinho de bebê. Naquele momento, algo a fez permanecer no carro. Ela não poderia pedir ajuda colocando em risco a vida daquelas pessoas e, em frações de segundos, pensou: *Você terá outra chance, você ainda não está vendo o parque, deverá encontrar outros semáforos pela frente.* E continuou olhando para aquela cena externa pedindo a Deus, mas ainda assim agradecendo a Ele por estar ali, viva e pensando, tendo a certeza de que Ele lhe daria a chance de se sair daquela experiência. O sinal abriu e, desesperada internamente, continuou a buscar a ocasião certa para fugir. Pensou por alguns momentos se tinha feito a escolha certa, se não deveria ter descido ali. Quem sabe aquela mulher conhecia a redondeza e alguma casa haveria de abrir as portas... Mas a possibilidade de ver aquele homem sacando uma arma e colocando em risco a vida daquele bebezinho a fez voltar imediatamente à busca de novas possibilidades. Quando se deu conta, já estavam distantes e num lugar totalmente deserto.

Por todo o tempo, ela tentava convencer o motorista de que iria para o parque com ele, mas primeiro ele deveria levá-la à estação. Chegaram a discutir em tom mais forte. Ela falou com ele com ênfase, como se realmente estivesse falando com alguém conhecido, sem medo: *VOCÊ VAI ME LEVAR PRIMEIRO À ESTAÇÃO E DEPOIS VAMOS AO PARQUE!*

Mas obviamente suas palavras não eram aceitas e ele continuava querendo tocá-la enquanto ela repetia continuamente: *Olha a estrada, desse jeito não vamos chegar a lugar nenhum.* Ele obedecia, pois estava no comando e tinha certeza de que chegaria ao parque e obteria o que desejava.

Vou tentar explicar a vocês o que aconteceu dentro daquela moça para ela ter vivenciado tudo isso.

Outras explicações existem, mas essa é a que eu encontro hoje e que se enquadra como exemplo, pois há situações que se complementam e que facilitam o entendimento do que é pensamento, sentimento e freqüência, e entrar em sintonia atraindo sintonia similar para vibrar em ressonância.

Já achava ter feito bobagem por não ter saltado naquele semáforo, o parque começou a aparecer e, por "sorte", a entrada que o taxista tentou acessar estava fechada de uma forma muito esquisita. Não havia portão, só tábuas e madeiras como aquelas porteiras improvisadas de fazendas humildes. O parque não tinha muro nem cercado, era como se fosse um grande espaço aberto, porém cercado e delineado por calçadas com alguns acessos de carro. Aquele fechamento da entrada parecia, analisando o cenário, ter sido providencial para atender aos anseios de fuga dela.

Vendo o acesso fechado, ele não tinha como seguir em frente e voltou com o carro. A rua era estreita e ele teve que manobrar duas ou três vezes. Foi aí que ela avistou uma luz.

Muito ao longe, uns mil metros mais ou menos, numa pequena colina, um rapaz vinha correndo, fazendo *cooper*. Naquele momento, ela pensou: *Vou saltar do carro quando ele estiver chegando perto daquele rapaz.* Ele não tinha como fazer outro caminho; teria que passar do lado do rapaz.

Mas, para sua surpresa, ele captou o pensamento dela e lentamente subiu na calçada entrando no parque pelo gramado.

O rapaz ainda estava a uns 500 metros de distância, mas dessa vez ela não teve dúvidas. Desceu do carro em movimento e saiu correndo na direção do corredor, quando o alcançou, segurou-o firme e pediu ajuda em todas as línguas, mas fora de controle, desesperada e aos prantos.

Por ironia, o taxista voltou pela estrada, chegou perto deles e gritou alguma coisa, perguntando se ela não iria voltar para o carro. Ela, chorando muito, disse que não, gritando com ele como se estivessem tendo uma briga de namorados. Ele desceu do carro, abriu o porta-malas, tirou a bagagem, deixou-a no meio da rua e pediu-lhe que pagasse a corrida. Ela pagou e ele se foi.

Depois ficou ali, desolada, sentada sobre a bagagem e recebendo a ajuda daquela pessoa estranha que acabara de conhecer, mas que foi muito gentil oferecendo-lhe carona até um ponto de ônibus.

Mas não foi assim tão fácil chegar até lá. Esse rapaz pediu um tempinho quando ela perguntou como chegaria à ferroviária. Depois começou a gritar por um nome e logo ela viu que ele estava chamando um grande cachorro, parecia um boxer.

Como ela tinha muita bagagem, ele pediu-lhe para esperá-lo, porque ele iria buscar o carro em casa para levá-la até o ponto de ônibus.

Mais uma vez, sua mente começou a funcionar. Depois de muito chorar, de tremer como nunca pensara que fosse possível, sua mente começou a se ver em outra encrenca, mas desta vez decidiu não pensar nisso e **criar um bloqueio da lembrança do ocorrido**, pois não queria interferência naquela visita tão desejada.

Antes porém, decidiu se mostrar na vizinhança; ainda tinha medo de que o seu "salvador" pudesse ser outro maníaco. Tocou a campainha de algumas casas mas somente em uma alguém respondeu. Trocaram algumas palavras sem se entenderem. Mas o seu objetivo fora alcançado, o que ela realmente desejava era ser vista para o caso de sair nos jornais alguma notícia sobre o seu provável sumiço.

Voltou para perto da bagagem e sentou-se de novo sobre ela aguardando.

Pouco tempo depois passou uma viatura da polícia. Mas ela fez de conta que nada ocorrera. Aguardava mesmo, ainda que muito preocupada, o seu "colega" atleta.

Quanta coisa se passou em sua mente naquele momento! Polícia?! Seria a sua salvação não fosse o medo ainda maior de uma polícia duvidosa. Vieram à sua mente as histórias absurdas que via nos jornais e realmente decidiu arriscar com o desconhecido.

Cerca de 20 minutos depois o rapaz chegou, num carro minúsculo onde não existia a cadeira da frente para que o seu cão pudesse se deitar confortavelmente.

Acomodaram as malas e todos seguiram rumo ao ponto de ônibus. Entretanto o rapaz foi mais gentil ainda levando-a até à ferroviária onde ela pegou o trem e se condicionou a esquecer tudo até a hora da sua volta.

O tempo de permanência seria de dois dias e durante esses dias, para sua surpresa, sua ordem funcionou. Parecia que nada tinha acontecido durante o tempo que passou com os familiares. Mas, no dia da volta, tudo voltou à lembrança, pois sua ordem mental fora para esquecer apenas por dois dias. Passado esse tempo, só de contar, a moça tremia como se tudo estivesse acontecendo naquele mesmo momento.

Segundo seus familiares, naquela época, estava saindo nos jornais que moças sumiam e eram encontradas esfaqueadas pela cidade.

O que quero chamar a atenção contando essa história é para os pensamentos e situações vivenciadas.

Buscar informações para se armar contra qualquer ameaça atraiu aquele que queria ameaçar. O medo e a providência de sentar na cadeira da frente, ao mesmo tempo que foi gerado pela percepção inconsciente daquele "revolver" escondido, alimentou a energia que vibrava para o interesse do motorista nela.

Simular uma situação corriqueira e ter a certeza de que se sairia bem daquela situação, até mesmo deixando passar a ocasião de saltar do carro parado no sinal, ajudou a fazer com que ele seguisse no fluxo da sua energia, fazendo com que se dirigisse à entrada do parque, que estava fechada.

Conseguir fugir da situação foi gerado a partir da certeza de que se sairia bem.

E tudo isso pode ter sido gerado ainda antes de pegar o avião, quando, ao se vestir, ouviu comentários de que estava muito bem vestida e chamando a atenção. Ela estava muito sexy num macacão de cetim verde-água.

Enfim, o que pensamos gera uma química e é a partir dessa química que os acontecimentos vão tomando conta de nossa realidade.

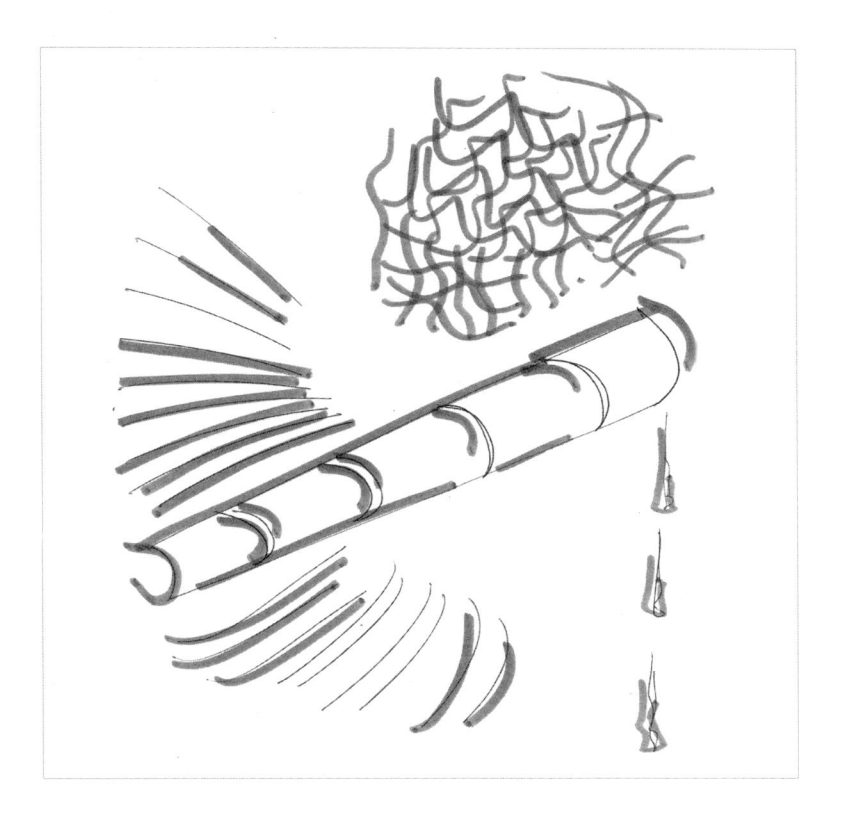

Mas o que esse evento tem a ver com a realidade do outro? Bem, ele ilustra um acontecimento que apenas quer trazer você a sua realidade. Quer que você fique atento ao que está vivenciando no aqui e no agora, exercitando o olhar para o outro.

A jovem não se comportou com esse olhar, mas a atitude de se enquadrar na situação como se fosse normal fez com que ela criasse uma química que atingiu o rapaz como sendo também algo comum, gerando nele um comportamento comum entre conhecidos.

Acredito que nenhum seqüestrador, estuprador ou bandido faça o que ele fez, parando o carro, devolvendo a bagagem, cobrando e recebendo a corrida.

Algo aconteceu como resultado de tudo aquilo que ela criou em sua mente, fazendo de conta que havia entrado na dele. Esse algo eu chamo de criação de freqüência, de química que poderia ter sido consciente, mas ela não sabia o que estava fazendo, aquela era uma reação espontânea, inesperada e intuitiva, assim como foi o sentar-se na cadeira da frente — a única diferença em relação ao escolher ir na frente é que ela, posteriormente, detectou o que, fisicamente, a fez ter aquela intuição.

Este exemplo foi para mostrar que o que você vibra, você atrai.

O que você precisa fazer é simples: exercitar sua atenção no momento presente.

Exercitar o que você for lendo, encaixando dentro de sua realidade.

Sem o exercício, de nada adiantará obter essas ou quaisquer outras informações.

Quanto à realidade do outro, aceite-a com compaixão e, ao aceitar, você estará vibrando em uma outra freqüência que provavelmente mudará até mesmo a dele.

Mas como tudo isso funciona? Vamos então ver o que são as células, as freqüências vibracionais, os circuitos e as ressonâncias.

O que os cientistas descobriram com as experiências dos últimos 50 anos?

Desprezando nomes complexos e fórmulas que são difíceis de entender, passo a você minha experiência e o que tenho vivenciado com esse entendimento.

- *A minha verdade nem sempre é a sua verdade e vice-versa.*
- *Aceite a realidade alheia.*
- *Exercite a compaixão.*
- *Está em nossas emoções a capacidade de comandar a nossa saúde e a nossa realidade.*

Capítulo III
— Descobrindo minhas — células

Ei... pedacinho de mim!
Quem és tu?
O que fazes que todos querem de ti falar?
Não te vejo, não te ouço, mas dizem que se estiver atenta,
Posso te criar ou te renovar.
Mas quem és tu a quem deram este nome? — célula!
Quando te sinto é porque já me respondeste a vida?
Ou tu és a própria!?
Disseram-me também que da emoção tu te fazes presente,
te movimentas.
Mas... quando te sinto... Tu és emoção!?
Que emoção?
Amor, ódio, compaixão, tristeza, gratidão...!?
COMPREENSÃO!?
Como fazer para compreender-te — emoção!?
Sabes o quanto és confusa?
Como podes ser tão poderosa!?
Por que devo ter o controle sobre ti?
Que importância tens?
Célula... Emoção...
Ah! Já sei! Não tenho outra escolha.
Os segredos que tens guardados sobre ti...
Tentarei descobrir!

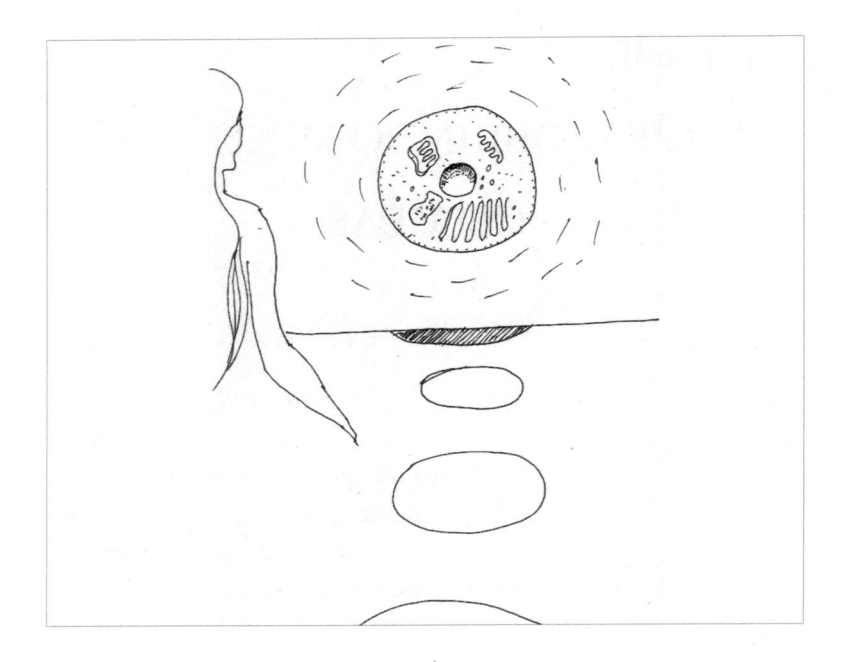

Para muitos, o estudo é a única maneira de chegar a ser alguém na vida. É a fórmula do sucesso.

Sim, pode ser verdade!

O saber nos dá a possibilidade de novas escolhas, de novas possibilidades. Ele exercita nosso cérebro, principal órgão de nosso SER.

O saber é realmente importantíssimo!

Mas o saber pode ser também fator limitador e por isso devemos nos abrir para novos conceitos, para a nova ciência, para a nova biologia, para a nova física.

Na realidade, não tem nada de novo em tudo isso. Muitos desses fundamentos vêm de grandes cientistas como Max Planck, Einstein, Niels Bohr.[1]

---

[1] No final do livro, você encontrará uma pequena biografia desses cientistas e sites para aprofundamento das informações.

Vamos usar a mente; vamos fazer com que nosso conhecimento e nossa cultura exercitem mais o cérebro para aumentar esse percentual que temos a nosso favor.

Você não acha que 5% é muito pouco para utilizar de tão poderosa máquina? Mas é isso mesmo, só usamos 5% da capacidade do cérebro.

Precisamos nos libertar do preconceito que existe com relação ao novo.

Precisamos, enfim, nos abrir para o fluxo de energias que a vida oferece, sem julgamentos, sem limitações, com total liberdade de pensamento e ação.

A ciência está nos dando dados que justificam o que antes, por exemplo, era considerado cura mística, ou resultado da sorte, ou uma resposta vinda da magia, portanto impossível de receber o aval dos chamados cultos e intelectuais.

Por isso é tão difícil para uma mente culta aceitar a mudança de visão que a física quântica oferece. Porque muitas das atuais constatações científicas já eram conhecidas, embora vistas como uma realidade paralela, uma realidade mística.

É difícil aceitar que nosso simples pensamento possa ocasionar mudanças radicais na vida.

Precisamos aceitar novos paradigmas e testá-los. Somente assim conseguiremos compreender todo o poder que nos foi concedido.

Ao compreender nossa força e aceitá-la, estaremos conscientes do nosso papel no mundo.

Eu acredito ser realmente responsável por minhas dores e alegrias. Mas é difícil aceitar que fui responsável também pelo acidente de carro que sofri (mesmo que outro tenha sido considerado como culpado legal).

Preciso compreender como funciono.

Preciso compreender o processo para aceitar tamanha responsabilidade.

Sem esse conhecimento, é desumano aceitar que fui eu quem atraiu o acidente que quebrou minha perna ou que criei o câncer que me consome.²

Eu sei que sou também responsável por este mundo no qual estamos vivendo. Quero um mundo melhor e preciso fazer algo para que isso aconteça.

Estamos vendo um mundo em extinção, mas não uma extinção natural, causada pelas forças chamadas da natureza. Estamos nós mesmos nos matando, tirando nosso sossego.

E é tão fácil começar a mudar tudo isso!

Só precisamos iniciar o exercício da alternância de nossas freqüências vibracionais para que possamos entrar no Fluxo da Vida que desejamos e, em conseqüência, equilibrarmos a energia de nossa comunidade, de nosso país e de nosso planeta.

Então, vamos lembrar onde deve estar o foco de nossas atenções.

Vamos nos focar no bem. Para isso, precisamos compreender primeiro como funcionamos.

Sem essa compreensão, onde encontraremos a compaixão por nós mesmos e pelo próximo?

Para você que me lê neste instante e que está passando por momentos difíceis, por doença, por desavença em família, acredite que esse quadro pode mudar de acordo com a sua percepção.

Afirmo que somos responsáveis pelo que vivemos.

Ao mudar o foco de sua atenção, a química que está sendo criada também mudará e sua vibração atingirá outras freqüências. Mudanças ocorrerão e você sentirá claramente onde ocorreram.

---

² Algumas vezes, usarei o verbo na primeira pessoa, mas isso não significa necessariamente que eu esteja falando de experiências pessoais. Falo de nós, de mim, de você, do outro. Foi a maneira mais fácil que encontrei de conversar com você.

A CÉLULA

A célula é a menor parte vivente de nosso Ser.

Ela nos faz ser quem somos quando é agrupada a outras células semelhantes ou de diferentes grupos.

Ela por si só é um fragmento completo que tem vida e se desenvolve independente da minha atenção nesse processo. Ela é o menor organismo "vivo" em nosso sistema e um conjunto delas faz o que eu sou, o que eu represento neste mundo chamado vida.

Ela faz tudo o que nós fazemos, se alimenta, se reproduz, enfim, tem um processo de vida como o nosso. Isso ficou comprovado pelas experiências do Dr. Bruce Lipton, que as separou e constatou que elas crescem, se reproduzem e vivem independentes.

Cada célula é composta de partes que são equivalentes às partes de nosso corpo.

Ela se alimenta, faz a digestão, tem sistemas respiratório, imunológico, reprodutor... Enfim, ela é um ser completo. Ela é nossa imagem, assim como nós somos a imagem do Criador ou dessa Inteligência Maior que nos fez estar aqui neste plano.

Tenho certeza de que todos nós concordamos que exista uma Inteligência Maior. Nesse campo, ainda não há acordo da ciência. Ainda será objeto de pesquisa por muitos anos.

Para os cientistas, viemos do vazio, de onde nada existia, e do BUMMM... surgiu a vida.

Mas nossa existência é diferente da dos outros seres vivos e essa diferença está justamente em nossa curiosidade, criatividade e capacidade de criação.

E de onde veio tudo isso? Fico com a alternativa de que veio de uma Inteligência Maior.

Para as células, nossa mente é essa inteligência Maior.

A única coisa que difere o Eu de uma célula é a capacidade de decisão, de escolha, a capacidade de pensar e escolher que pensamento devo manter. É o chamado livre arbítrio.

A célula delega sua inteligência e suas decisões ao cérebro. Temos trilhões de células esperando nossas ordens e elas vivem indo e vindo; morrendo e renascendo e nos dando a chance de renová-las.

Elas obedecem sem questionar nosso comando.

Precisamos entender como podemos comandar esse "exército".

A primeira etapa para que tenhamos esse controle consciente é aceitar que elas obedecem cegamente as nossas ordens.

A segunda etapa é aceitar que essas ordens chegam por meio de nosso pensamento e percepções iniciando assim o processo de criação e reprodução.

Mas como os pensamentos chegam ao meu cérebro?

De onde vêm essas percepções? Como fazer de meus pensamentos ordens favoráveis ao meu projeto de vida?

Eu aceito o que tenho lido como uma nova verdade, como novas descobertas que poderão mudar a minha vida para melhor e repito com convicção: não sou vítima de minha hereditariedade.

Sou quem eu quiser ser desde que exerça meu desejo para criar novos circuitos que alterarão meu DNA.

Os estudos do Dr. Bruce Lipton[3] e de outros cientistas levaram à descoberta de um novo código genético.

Essas descobertas proporcionaram o entendimento de que a mente controla as funções do corpo e que tudo isso se dá através dos sinais que captamos dos ambientes.

Como consultora de Feng Shui, esse aspecto muito me interessou porque essa atividade profissional, apesar de ser baseada num estudo milenar, ainda é pouco procurada.

Darei uma rápida pincelada sobre o assunto para enfatizar como somos resultado do ambiente em que vivemos ou como somos influenciados por ele.

Atenção para este aspecto: enquanto criamos esse ambiente, somos criados por ele.

[3.] O Dr. Bruce Lipton explica isso muito bem. Ele fala em linguagem científica, exemplifica mostrando suas experiências e deixa artigos muito interessantes em seu site para todos lerem (www.brucelipton.com). Ele é um cientista mundialmente conhecido que faz uma ligação entre a ciência e o espírito. Começou a carreira como biólogo e recebeu o Ph.D. pela Universidade de Virgínia, em Charlottesville. Em seus estudos, descobriu informações importantíssimas sobre o DNA. Suas descobertas o perturbaram quando se deu conta de que estava ensinando medicina equivocadamente. Continuava a ensinar biologia baseada em conceitos que não condiziam com suas atuais descobertas. Para ele, o ser humano é capaz de incrementar seu DNA, isto é, mudar suas marcas e características. Ele diz que suas descobertas conseguiram acabar com o que ele chamou de vitimização do ser humano. Uma vitimização caracterizada pela hereditariedade.

Quanto mais estamos atentos ao nosso momento presente, mais capacidade temos de criá-lo.

Em 1967, o Dr. Bruce Lipton iniciou seus estudos com a clonagem de células humanas e, após suas descobertas, mudou sua posição em relação ao que ensinava na universidade.

Ele lamenta o fato de ainda hoje as escolas e faculdades passarem informações já superadas. Provavelmente, o motivo da não divulgação maciça dessas informações sobre a nova genética seja por influência dos grandes laboratórios farmacêuticos.

Essa descoberta nos dá um grande poder de cura, de ação, de liberdade de escolha sobre nosso presente e futuro. Tais descobertas nos libertam de uma limitação chamada herança genética.

Liberta-nos da dependência da ação do outro para a nossa melhoria. Dá-nos total poder sobre a nossa própria verdade. Deixa em nossas mãos a opção de entrarmos ou não no fluxo dos nossos desejos.

O saber e o conhecimento exercitam o cérebro, mas podem criar limites de ação se você não estiver atento.
- *A célula é um Ser completo.*
- *Ela obedece nosso comando através do que pensamos.*
- *Pensamos através do que sentimos.*

Capítulo IV
~ O CÉREBRO E A MENTE ~

Um dia me peguei conversando com Deus.
Um Deus "só meu", exclusivo como o ar que eu respiro.
Exclusivo como a alegria que sinto ao abrir os olhos e perceber a vida.
Exclusivo!
Um dia, me peguei divagando...
Cérebro... Mente... Máquinas... Ações... VIDA!
E busquei explicações:
Ei, Você que está me observando,
Você Observador Maior, Inteligência Superior...
Como funcionamos? Somos máquinas com sentimentos? O que sou?
E passei a ouvir que através de um pedacinho
Dele que está em mim, em você, comandamos o nosso caminhar.
Passei a ouvir que o nosso funcionamento dependia de algo
chamado Emoções!
Que tremenda confusão!
Mas, não contente, fui em busca de explicações...
E minha mente continuou a divagar...
Ciência, religião, física quântica...
Todos querendo me explicar!
Mas no início...Quando surgimos nada disso existia no ar!
Evolução...
Que luz devo buscar?
Evolução...
Como entender?
Evolução...
Ok... Vou procurar!

E o cérebro? Vamos falar um pouquinho dele.

Hoje em dia, todos entendem quando citamos computadores e *softwares*. Nosso cérebro é então o *hardware*, ele é a torre de nossos computadores. E um computador não funciona sem um *software*, não é mesmo? Ele seria apenas uma máquina sem função.

Então o cérebro é a matéria, uma matéria ainda inerte.

E ele é o órgão mais importante de nosso corpo, ele é a máquina que nos faz funcionar. Um órgão muito complexo, com inúmeras divisões... Minha idéia não é dar uma aula de anatomia nem de biologia, mas passar rapidamente por essa parte do nosso corpo onde se inicia o movimento que cria a realidade.

A idéia é reavivar o que muitos provavelmente já sabem ou estão perto de descobrir dentro de si mesmos: o que é o pensamento e como ele funciona sobre a realidade.

Mostrarei novas formas de olhar para algo que você já conhece. Será uma atenção diferenciada e livre de censuras e de padrões pré-determinados para o que somos ou o que pensamos ser.

Se o cérebro é a máquina, onde está o *software*?

Toda máquina precisa de um *software* ou de um condutor.

Para que a máquina funcione, precisamos também de um programa que a acione automaticamente e/ou de uma pessoa que a maneje.

Então, vamos dar movimento a essa máquina. Vamos fazê-la funcionar.

Onde está o programa que dá a vida?

Estou falando agora da mente.

A mente é nosso cérebro em funcionamento.

De tantos aspectos, cavidades, partes etc., o cérebro tem uma divisão com a qual você já está familiarizado e é dela que vou falar; da divisão dos dois hemisférios — o esquerdo e o direito. O esquerdo é o responsável pela lógica e o direito, pela criatividade e liberdade de ação. Liberdade no sentido de não se prender a conceitos. Coisa que o lado esquerdo não faz. Ele está sempre desejando explicação. É matemático, quer as coisas corretas de acordo com seus ensinamentos. É o preto no branco. O certo ou errado. É o lado dualista.

O lado direito é o lado criança, o lado criativo, o lado livre e que descobre novos caminhos.

Nós crescemos exercitando o lado esquerdo. Aprendemos a nos comportar por uma lógica existente em nossa cultura e vivemos nos moldando a essa realidade e querendo tirar dela a nossa felicidade.

O lado esquerdo cria realidades com limites enquanto o lado direito deixa cada realidade livre para se expressar, sem limites nem normas.

Nós exercitamos pouco o lado direito devido a normas que foram criadas pela sociedade.

Ele foi ficando adormecido, pois não precisávamos criar muita coisa quando já existia uma lógica a ser seguida. Não podíamos criar novas soluções, devíamos seguir um conceito, uma educação, uma cultura pré-estabelecida.

Não quero dizer que devemos nos rebelar contra a sociedade ou que devemos infringir as leis. Devemos apenas estar mais atentos para nossas sensações para compreendermos onde está o fluxo de energia que queremos seguir.

Com essa nova informação de que somos criadores de nossos pensamentos; de que nossos pensamentos criam as circunstâncias de nossa vida, onde vamos buscar a criatividade para gerar esses pensamentos se não exercitamos esse lado do cérebro?

Como vamos criar os novos programas que rodarão a favor de nossa felicidade?

Para que nossa mente funcione de forma favorável, execute novos programas e faça com que o cérebro passe a responder no automático como tem feito com as informações que estão do lado esquerdo, precisamos praticar.

Precisamos fazer com que *hardware* e *software* trabalhem a nosso favor e nos levem ao fluxo daquilo que desejamos para a nossa vida.

Precisamos instalar novos programas no lado esquerdo e, para isso, precisamos do lado direito.

Eles se complementam apesar de até hoje o lado esquerdo ter tido muito mais oportunidade para agir do que o direito.

É focando em como nos sentimos que podemos entender se algo está errado ou se simplesmente desejamos mudar alguma coisa. A partir daí, vamos usar a criatividade que está naquele lado pouco exercitado. Para descobrir isso, usamos a lógica: estou triste, logo, devo mudar. Isso é lógica.

Constantemente, os dois lados estão em ação, mas o que temos exercitado nessas últimas gerações é mesmo o lado esquerdo.

Vamos criar novos paradigmas, vamos aprender a usar a criatividade, a intuição, o nosso lado direito.

Algumas experiências foram feitas mostrando que quando você esquece a lógica, quando se permite "brincar", consegue as melhores idéias, as melhores respostas.

Os artistas são chamados de loucos porque eles fogem à lógica.

As crianças são criativas porque fogem à lógica.

Recolha-se em um lugar tranqüilo e faça uma lista de 10 soluções que jamais usaria para resolver uma certa situação. Guarde essa lista e, no dia seguinte, leia-a. Provavelmente encontrará alguns itens geniais e um deles poderia mesmo ser a solução de seu problema. Resta coragem para agir.

Precisamos acreditar que devemos desenvolver esse lado e, para que isso aconteça, ele precisa esquecer a lógica.

Para criar novos circuitos que darão novos movimentos e o levarão a atingir o fluxo da vida que você deseja, você precisa praticar o que até então estava esquecido, adormecido.

É como malhar. Vamos malhar o cérebro conscientemente.

Exercitando seu lado criativo, cada vez que pensar deliberadamente em uma nova criação, você estará atingindo a parte do cérebro que faz a mudança. Cada vez que você pensa em algo de forma focada, esquecendo tempo e espaço, você atinge o lobo frontal, e é no lobo frontal que se efetua essa mudança.

Os cientistas dizem que o que nos diferencia dos outros animais, das outras espécies, é exatamente essa diferença da proporção do lobo frontal em relação ao resto do cérebro.

Mas como criamos novos circuitos?

Podemos iniciar por meio de processos meditativos.

Podemos iniciar nos focando em nossos passos ao caminhar.
Podemos iniciar focando nossa atenção na respiração.

Quando conseguimos nos destacar do mundo, esquecer o tempo, o lugar onde estamos e as preocupações, conseguimos criar novos circuitos em nosso cérebro.

Uma outra dica para exercitar o lado direito, o lado mais irracional, é iniciar seu processo de treinamento fazendo coisas fora de sua rotina. Saindo da rotina, você está saindo da lógica.

Por exemplo:

De vez em quando, durma do outro lado da cama, mude de lugar na mesa de jantar, escove os dentes com a outra mão, veja outro canal de TV, escolha um tipo de filme diferente daquele que você habitualmente assiste.

Entenda um pouco o que acontece quando, por exemplo, você muda o caminho que leva ao escritório.

Todos os dias, você faz o caminho de casa para o trabalho por uma certa rua. Essa rua passa em frente de um casarão que não lhe agrada muito e resgata em seu subconsciente uma memória triste da infância, mas você conscientemente não sabe disso. Porém, cada vez que passa na frente daquele casarão, o inconsciente coloca em funcionamento a rede de neurônios que fabrica a química que entra em ressonância com aquela imagem passada tirando você do fluxo de vida desejado. Você chega ao trabalho desmotivado e triste e não sabe exatamente o porquê. Mude o caminho de vez em quando e poderá mudar o seu humor. Com isso, você se colocará em ressonância com outras freqüências e colocará seu cérebro diante de novos estímulos, captando novos sinais.

Alterne comportamentos lógicos com ilógicos. Além de exercitar seu lado direito do cérebro, isso lhe dará a oportunidade de buscar novas sintonias e novas ressonâncias. Você poderá se sentir mais em seu fluxo através das sensações que sentirá nessa ou naquela situação.

O Feng Shui nos diz que um objeto simples em nossa casa pode nos colocar em sintonia com situações vividas por outras pessoas que já tiveram contato com ele.

Hoje, posso dizer que compreendo melhor certas afirmações.

Somos energia e se em tudo existe energia, se ela vibra em determinadas freqüências, fica bem mais simples compreender, por exemplo, que um puff de couro legítimo está trazendo nele uma freqüência de sofrimento. Uma vibração de dor, afinal, uma vida foi tirada. O produto passou por várias mãos até chegar em minha casa. O mesmo pode acontecer com um casaco de pele.

Quem matou o animal? Como ele foi tratado? Como se sentiu a pessoa que o estava sacrificando? Que mãos trabalharam essa pele? Enfim, em tudo aquilo que vemos e que não vemos existe energia vibrando. O cérebro processa 400 bilhões de bits de informações por segundo e nós temos consciência somente de cerca de 2 mil delas. As informações que captamos têm sempre a ver com nosso corpo, nosso ambiente e o tempo. E elas podem vir de forma concreta, através de objetos que vemos e tocamos ou através de ondas de energia.

Vamos dar novas possibilidades de captação de informações, mesmo que inconscientes. Vamos deixar nosso SER captar novas freqüências para nos dar a possibilidade de sentir novas sensações.

Esteja sempre atento às suas emoções.

Mudar o caminho para o trabalho, dar bom dia a um desconhecido, trocar o *mouse* de mão, enfim, sair da rotina, são boas dicas para exercitar o cérebro. Os pequenos detalhes são sempre importantes na vida. Em todos os sentidos.

Agora que você compreendeu que deve desenvolver mais o lado direito do cérebro e que é através dele que você encontrará a criatividade suficiente para mudar a sua realidade, gostaria que fizesse o teste que descrevo mais abaixo. Faça-o para você e para seus familiares. Será divertido constatar como o nosso lado esquerdo comanda a nossa vida e, porque devemos ficar mais atentos aos nossos desejos, ao local onde estamos e à decodificação de nossos sinais. Será que eles estão sendo recebidos pelo nosso lado esquerdo, pelo direito ou pela consciência de nosso momento presente?

Pegue canetas coloridas, daquelas grossas que deixam ver claramente a sua cor e seis folhas de papel branco.

Separe as cores:
AZUL, AMARELO, VERMELHO, ROXO, VERDE e LARANJA.

Pegue uma folha de papel e escreva essas seis cores, com letras de fôrma bem grossas.

Siga as indicações:
Com a caneta azul, escreva VERMELHO.
Com a caneta roxa, escreva VERDE.
Com a caneta vermelha, escreva AMARELO.
Com a caneta verde, escreva PRETO.

Com a caneta amarela, escreva ROXO.
Com a caneta laranja, escreva AZUL.

Esconda os papéis e vá mostrando um a um, pedindo para que as pessoas digam as cores que estão vendo.
Faça isso com você mesmo e sinta se foi fácil, médio ou difícil dizer a cor.
Muitas pessoas lêem o que está escrito em vez de dizer a cor. E por que isso acontece? Porque existe um pré-conhecimento que se sobrepõe àquele sinal que foi enviado e você não tem a habilidade de deixar seu pensamento livre para o novo.
A pergunta foi que cor você vê, mas seu cérebro, exercitado para a lógica, respondeu com a leitura e não com o foco na pergunta. Se você não soubesse ler, com toda certeza responderia com muita facilidade as cores que estava vendo. Mas existe um outro conhecimento interferindo e ele, de certa forma, limita.
Nossa cultura funciona muitas vezes como uma âncora, um peso que não nos deixa seguir em frente.
E nos faz responder continuamente através de circuitos que já estão formados e sendo renovados sempre que o deixamos ser usado novamente.
Você poderia saber ler e me responder àquilo que eu perguntei automaticamente se tivesse com seu outro lado também exercitado. Se tivesse exercitado também a atenção para o momento presente. Nesse momento, a pergunta é para que cor está vendo.

Um cérebro livre e criativo responderia claramente a cor que estava vendo. Mas o julgamento automático de quem está acostumado a ler muito mais do que simplesmente decodificar a escrita como uma imagem, responde com sua lógica que é a leitura.

Precisamos aprender mais, ler mais, ter mais cultura, mas precisamos compreender também que esse conhecimento deve ser utilizado para somar e aumentar nossa possibilidade de criação.

Mas acontece muito mais limitação, pois um conceito, quando armazenado, quando aceito como verdadeiro, deixa pouco espaço para o novo.

A física quântica diz que para cada evento existem inúmeras possibilidades de verdades.

E, pensando assim, eu me abro para o novo, para aceitar com compaixão verdades alheias que se chocam com as minhas, mas que são a verdade do outro.

Pensando e aceitando as novas descobertas, sigo em busca de minha verdade e da sua criação.

Eu me abro para o não julgamento, pois ele estará sendo visto exclusivamente por meus olhos que carregam heranças energéticas exclusivamente minhas. Estão baseados em minha cultura, em meus traumas, em meus conhecimentos. Eu não disse a cor porque sabia ler e não estava atenta à pergunta.

Não como carne de vaca porque ela é sagrada.

Tenho várias mulheres porque minha cultura me permite que assim seja.

Respeito o celibato porque sou padre e escolhi seguir essa verdade.

Sou homem-bomba porque fui doutrinado para tal papel. Cito esses exemplos para compreenderem o que penso e sinto em relação à verdade do outro, que existe mesmo que nós não concordemos com ela. Podemos fazer algo para mudá-la, mas será somente com nossa mudança que isso ocorrerá.

É minha responsabilidade compreender como funciono para mudar minha realidade e minha realidade afeta a de meu semelhante e o meu universo.

Se eu respondo a um bom dia grosseiro também com mau jeito é porque aceito a grosseria como se fosse dirigido a mim, mas ela pode ser simplesmente a expressão de um mau dia para o outro. Se eu conseguir relevar o mau humor dele, posso até, quem sabe, trazê-lo para a minha sintonia.

No exemplo das cores, entramos em sintonia com a freqüência energética da resposta por meio da leitura. Precisamos exercitar a nossa realidade em relação aos estímulos externos.

Precisamos compreender que existem muitas verdades por trás daquilo que percebemos e, se nos abrirmos para esse entendimento, nossa realidade também começará a mudar.

Vou contar uma história que ilustra o que estou querendo dizer:

Uma mãe, com duas crianças de 7 e 12 anos, entra numa lanchonete e, displicente, não presta atenção ao que seus filhos estão fazendo.

Ela pede o lanche e os três sentam-se numa mesa. A lanchonete está cheia e tem gente já fazendo fila. As crianças começam a se agitar. Brigam entre si e na discussão o mais velho bate no menor.

O pequeno grita e, ao mesmo tempo, começa a jogar batatinhas no outro e isso começa a incomodar a mesa ao lado. Eles saem correndo pela lanchonete e a mãe, simplesmente, olha e continua absorta em seus pensamentos.

A senhora que está na mesa do lado não suporta aquela situação e critica aquela mãe que não toma conta de suas crianças.

Os cochichos pela lanchonete começam a acontecer até que uma jovem se levanta, aproxima-se da mãe e diz: "A senhora poderia fazer alguma coisa para controlar suas crianças?"

A mãe responde: "Bem que eu o faria se soubesse como. No momento, eu estou completamente perdida. Minha filha de apenas cinco anos foi morta por uma bala perdida quando passeávamos na praia e acabamos de voltar do funeral. Acho que eles não estão sabendo como enfrentar essa situação."

A consciência do que se passava mudou o julgamento daquela jovem. Um minuto atrás, aquela mãe era displicente, mal-educada, inconseqüente e não sabia educar os filhos...

A jovem foi então tomada por um sentimento enorme de compaixão e conseguiu passar aos poucos a informação para os outros incomodados ali presentes, fazendo com que se unissem na compreensão mudando a energia que vibrava naquele ambiente. Conversaram com as crianças e ajudaram a acalmá-las sem tocar mais no assunto.

Muitas vezes, respondemos de forma equivocada a situações que vivenciamos.

Recebemos as informações e as acolhemos como se fossem nossas. Deixamo-nos ser pegos pelo verdadeiro egoísmo.

Antes de reagirmos à situação que está nos incomodando, será que não poderíamos tentar compreender por que estamos respondendo daquela maneira?

Se ao mudar a percepção da situação o humor daquela moça mudou a ponto de mudar a energia do ambiente, a questão está em nos questionarmos se queremos manter o inconformismo por não aceitar o comportamento do outro ou se aceitamos a sua realidade e oferecemos a nossa compreensão e compaixão, mesmo não conhecendo a sua verdade.

Vamos entender o que mais nos deixa no fluxo de uma vida feliz antes de respondermos inconscientemente a tudo.

Alimentar a raiva nos tira de nosso fluxo. Alimentar julgamentos que nos deixam revoltados, tristes ou alimentando medos, nos tira do fluxo.

Posso até julgar, mas esse julgamento deve ser uma espécie de reconhecimento para a compreensão de como estou como energia. Como a emoção está influenciando o meu humor, o meu corpo?

O ideal é jamais julgar e sim olhar bem para dentro de nós mesmos e, através de nossas sensações, compreender se estamos ou não no fluxo que nos leva à felicidade que buscamos.

Quando olhamos para dentro de nós mesmos, quando procuramos entender nossas percepções, nossa resposta é bem diferente do julgamento puro e simples que deseja apenas provar que estamos certos.

Do nosso ponto de vista, estamos sempre certos. Mas o outro também está certo se analisarmos o foco através de suas lentes. Tudo depende de como observamos a situação.

Eu poderia ter pensado, ao perceber que estava me irritando com a agitação daquelas crianças, que aquela mãe estava cansada, ou tinha tido algum aborrecimento e que uma palavra dirigida àquelas crianças, uma brincadeirinha, uma pequena mágica, mudaria os ânimos delas. Isso já seria suficiente para impedir que meu organismo fabricasse químicas que me tiram do fluxo ideal.

Vejamos outro exemplo:

Situação A: Chego numa sala e presencio duas pessoas discutindo.

Não me dou sequer tempo para entender o que está acontecendo e já tomo partido antes mesmo de falar. Dentro de mim, já começo a criar a química do inconformismo. Quero interceder por alguém, quero entrar na discussão. E meu metabolismo muda, minha fisionomia, meus batimentos cardíacos me obrigando a entrar numa freqüência que terá ressonância em freqüências similares (é a lei da atração).

Alguém me pergunta a hora. Respondo rapidamente, pois meu pensamento está naquela discussão. A pessoa que me perguntou não agradece porque julgou minha falta de atenção, má educação e eu fico mal-humorada achando que ela é que foi mal-educada. A partir daí, inicia-se um processo de respostas aos acontecimentos que estão fora da minha realidade, que estão distantes da minha verdade, pois estou mudando minha reação a partir da ação do outro.

Situação B: Entro numa sala e presencio duas pessoas discutindo.

Não julgo, espero para ver o que está acontecendo, tento entender olhando ao redor e vejo que ninguém se preocupa com aquela cena. Acho estranho, mas procuro não me envolver até entender o que se passa.

Alguém passa e me pergunta as horas, eu, com um sorriso constrangido, respondo. A pessoa me diz, seguindo apressada pelo corredor: *Ainda bem, está quase na hora da minha prova de interpretação. Acho que os próximos serão aqueles que estão ensaiando.*

Mais tarde essa pessoa volta, senta-se ao meu lado e iniciamos uma conversa que nos leva a ser amigos.

Você pode me perguntar: Mas e se fosse realmente uma situação de estresse, de conflito? Eu responderia que provavelmente você estava naquele fluxo, que previamente alimentou sentimentos, frases e experiências que vibram nessa mesma freqüência e que precisa estar muito atento às suas vivências, aos seus aprendizados, aos seus programas de lazer e principalmente aos seus pensamentos.

Tudo o que você vivenciou até hoje deixou algum tipo de marca armazenada em você.

Em cada situação, a energia vibra em uma freqüência específica e, assim, atrai situações similares para que você entre em sintonia com seu ambiente.

Lembra-se de que falei que nosso cérebro processa 400 bilhões de bits de informações?

Você está constantemente entrando em sintonia com as pessoas, com os ambientes, com objetos e com suas experiências.

Você atrai aquilo que vibra e, por isso, dizemos que somos o que pensamos ser.

É por isso que dizemos que você pode criar a sua realidade através do seu pensamento.

É por isso também que um ambiente revela o que você é.

Tendo essa consciência, você passa a ter uma maior influencia em sua própria realidade.

- O cérebro é o órgão mais importante do nosso corpo.
- É pelo cérebro que iniciamos o movimento da vida.
- É por ele que criamos a nossa realidade.
- A mente é o cérebro em funcionamento.
- Estamos mais familiarizados com o uso da lógica.
- Precisamos exercitar o lado direito do cérebro para criar novos circuitos.
- Pensamentos repetidos atingem o lobo frontal e criam novos circuitos que rodarão no automático.
- Saia da rotina.
- Respondemos às experiências do dia a dia com o inconsciente baseado em nossa herança energética.
- Precisamos estar mais atentos ao nosso presente e criar ações pela percepção de nossos sentimentos em vez de responder no automático.
- Atraímos o que vibramos, vibramos o que sentimos e sentimos o que pensamos.

Capítulo V
~ O AMBIENTE NO QUAL ~ VIVO

Casa, casinha minha,
Abro os olhos e te vejo.
Sinto alegria, sinto tristeza...
Abro os olhos e te percebo.
Percebo alegria, percebo vida!
Abro os olhos e nasce a angústia...
A lembrança renasce em teus traços...
Abro os olhos e me cegas.
Me cegas para o novo... para a vida!
Mas...tua energia me faz sonhar...
Casa, casinha minha, quem me dera poder te abraçar!
E no caminho que me leva o teu ar respirar,
Inúmeros sinais me fazem acordar.
Acordar de um sono desconhecido...
Acordar de um sonho despercebido...
Acordar de lembranças, traumas, alegrias e vidas.
Casa, casinha minha, quem me dera poder contigo falar!

Experiências comprovam que somos resultado de nosso ambiente.

Essa afirmação inicialmente nos faz discordar mas, com a complementação das informações, começamos a aceitar.

Discordamos porque sabemos que o ambiente não é tudo, mas muitas vezes o nosso primeiro julgamento já fecha as portas para outras explicações que poderiam nos fazer enxergar o ponto principal para tal entendimento.

Devemos abrir a mente para outro olhar, devemos escutar e ler e perceber que tipo de emoção determinada informação nos traz para podermos escolher se a queremos ou não. Se ela irá nos deixar no fluxo da vida que desejamos.

Com certeza, não somos apenas resultado de nosso ambiente. Devemos estar muito atentos para onde estamos colocando esse amontoado de células que formam o Eu.

O ambiente nos transforma, ele faz de você o que você é.

Hoje, meu trabalho de Feng Shui está ganhando um aliado: a ciência.

Me sinto feliz por poder levar esse tipo de consultoria para pessoas que procuravam se manter distantes, por acreditarem ser essa atividade magia, misticismo ou religião.

As descobertas científicas de hoje eu decodifico como um grande aval para o meu trabalho. Elas me dizem que a ciência comprova que somos resultado de nosso ambiente. E o que os orientais já sabiam há mais de 4 mil anos hoje pode ser explicado e aceito pelos ocidentais por meio da física quântica, da nova genética, da neurofisiologia, enfim, pelas experiências científicas.

O Feng Shui, apesar de ser um estudo, uma arte, uma técnica milenar, no Ocidente ainda é aceito por poucos.

A ciência prova que você é resultado de seu ambiente, mas que pode mudar isso com um comando do seu cérebro, isto é, de sua mente/pensamentos/sentimentos.

Os pensamentos são gerados por nossa percepção com relação aos sinais que captamos do mundo externo. Os sinais são decodificados através de nossa percepção e de nossos sentimentos e estes são gerados a partir de nosso pensamento/percepção.

Se eu sou um conglomerado de células e se elas, transformam-se de acordo com o ambiente no qual se encontram, sem responder ao meu comando preciso ficar mais atenta.

Quando estou despreocupada, fora do foco do momento presente; quando estou "desligada", as células ficam desgovernadas e o inconsciente responde com as informações de nossa herança energética, de nossa herança familiar e de todas as experiências que já vivenciamos. Ele responde por intermédio de programas que criamos em nosso cérebro e que são acionados cada vez que se apresenta um estímulo que vibra com freqüência similar.

Mas se nós ficarmos atentos às nossas emoções e sentimentos, começaremos a compreender qual o momento certo de agir, para comandar esse batalhão que espera ordens.

O pensamento é formado por nossa percepção, que decodifica os sinais através das sensações físicas e, quando temos consciência disso podemos escolher conscientemente se desejamos mantê-la ou se preferimos transmutá-la. A partir do momento que decodificamos uma sensação como não desejada, devemos iniciar o processo do pensamento/sentimento que irá mudar essa realidade.

Complicado? É mais simples do que você imagina.

A questão é:

- Você está pronto para se abrir para um novo olhar sobre quem você é e como você funciona?
- Você está pronto para se abrir para novos paradigmas que vão se chocar com sua atual crença de que não temos controle sob certas situações da vida?
- Você está pronto para aceitar que a sua doença, o seu acidente de carro, a sua desavença com o filho, com o vizinho, o marido, o seu emprego, a sua alegria de viver, o seu bem-estar, tudo o que você vive, depende de como você interpreta os sinais que estão sendo enviados para você?

Não estamos falando de responsabilidade, estamos falando de consciência.

Se você decodifica que aquela pessoa que está se aproximando quer lhe fazer mal e acredita nisso, você vibra nessa freqüência, e mesmo que ela não esteja chegando com esse objetivo, você cria uma vibração que atrai o mal para você e quando virar a esquina vai ser assaltado ou até talvez presenciar um assalto.

Então você poderá dizer: *minha intuição foi compreendida de forma equivocada. Eu senti que ia ser assaltado, mas errei na pessoa.*

Sim, você pode estar correto, mas a ciência diz que no momento em que você pensa, cria uma química e essa química está associada a uma freqüência que gera a situação seguinte.

Mas o que fazer se o pensamento veio? O que fazer se eu senti, ou se previ algum mal?

A ciência diz que se você mudar seu pensamento, você consegue mudar a sua realidade.

Voltando ao exemplo citado, no momento em que pensou que aquela pessoa estava querendo lhe fazer mal, você poderia ter decidido pensar que ela podia não ser um assaltante.

Vamos dizer de forma diferente: você deveria estar suficientemente atento ao seu pensamento para mudá-lo e emanar um outro tipo de vibração energética.

Por exemplo: *pensar que aquela pessoa é de bem, que está indo para o trabalho, que deixou em casa uma linda filhinha aos cuidados de sua amada e à noite chegará em casa feliz e com dinheiro no bolso para comprar o leite de que ela tanto precisa. Ele é um ser humano maravilhoso e cheio de potencial de amor.*

Você deve mudar conscientemente e de forma constante o seu pensamento, mudar o seu foco de tal forma que consiga enganar suas próprias células. Na realidade, você estará dando ordens precisas para as suas células, pois elas não analisam. Elas são como um exército, não questionam a ordem de seu superior. Você pensou, elas obedecem.

Acredite: se você se exercitar com coisas simples do dia a dia, o pensamento chega espontâneo ao ponto de você nem sequer se questionar sobre o que deve ou não deixar vir a sua mente.

Você estará criando uma química totalmente diferente e sua vibração entrará em sintonia com uma freqüência similar àquela que você acaba de criar, isto é, mesmo que aquela pessoa seja um assaltante, sua vibração não entrará em sintonia com o lado "negativo" dela e você seguirá seu caminho onde provavelmente encontrará mais na frente alguém que lhe traga momentos de alegria.

Sua freqüência, por ter sido conscientemente elaborada, entra em sintonia com a do assaltante, mas sua criação mental aliada à sensação em seu corpo faz com que ele não a escolha como vítima, porque você estará vibrando e ressoando com a freqüência do "bem" que existe nele. Você não modificará a realidade dele. Ele provavelmente assaltará uma outra pessoa que esteja vibrando naquela mesma freqüência. Mas você estará mudando a sua própria realidade.

Posso afirmar que ao mudar o seu olhar você estará dando ao outro a possibilidade da mudança de sua realidade também. Se ele não o assaltar, ao virar a esquina poderá desistir de o fazer. O seu pensamento, a sua vibração poderão tê-lo atingido de forma tão forte que o faça voltar a acionar o lado luz que existe dentro dele.

Esse lado luz existe em todos nós. Somos todos potencialmente iguais.

Exercite todos os dias com pequenas situações e pessoas.

Olhe com olhos de amigo para o seu porteiro. Alimente a compaixão para aquele limpador de pára-brisas do sinal de trânsito, olhe para seu chefe achando-o a pessoa mais inteligente deste mundo. Olhe para seu companheiro de trabalho como se olhasse para seu irmão. Simular um sentimento de contentamento por estar cruzando com uma pessoa na rua, por exemplo, fará uma grande diferença. Se você simular e ainda se deixar envolver por esse sentimento a freqüência funcionará com mais força.

Sei que você pode estar pensando: *como posso olhar com alegria para aquele cara do trabalho que só quer me derrubar?* Pois é, comece por ele o seu exercício. Olhe para ele com compaixão. Pense que ele é seu amigo e que hoje o ajudará em determinada atividade. Veja-o ajudando, sendo companheiro e sinta alegria e prazer por estar com ele no mesmo departamento. E, ao fazer isso, esqueça completamente sua atual realidade. Faça de conta que essa é a realidade.

Por eu ter duas meninas em fase ainda escolar, dirijo muito. Passo grande parte do dia no trânsito, por isso demos para mim o apelido de "mãetorista". Esse fato não me estressa porque me habituei a não aceitar ofensas no trânsito, a não criticar os barbeiros da vida, a não soltar palavrões para aqueles que buzinam atrás de mim...

Mas, antes de me sentir em paz, eu exercitei a mudança de meus sentimentos enquanto cada uma dessas situações era vivenciada. Quando ouvia uma buzinada e percebia que aquele ruído estava me deixando nervosa, através da percepção do sentimento que gerava em mim, eu conseguia conscientemente decidir se queria manter o nervosismo ou não; em vez de expressar o primeiro desejo de xingar passei a pensar: *puxa, esse cara deve estar com pressa, quem sabe alguém está doente em casa ou simplesmente ele está apertado, com dor de barriga. Coitado, vou deixar ele passar!*

Esse não era um pensamento espontâneo no início. Mas, com o tempo, passou a ser natural. Eu não me estresso mais e sinto que meu novo olhar para as pessoas estressadas no trânsito faz bem a mim e ao outro também.

- *Sou resultado de meu ambiente.*
- *Eu crio meu ambiente. Se não estou no comando, mudo de acordo com ele.*
- *O pensamento é formado através da percepção.*
- *A percepção decodifica os sinais através das sensações físicas.*
- *A consciência dessas sensações nos permite a escolha de mantê-las ou transmutá-las.*
- *Quero mudar? Estou pronto para uma nova realidade?*
- *O pensamento gera uma química e essa química tem uma freqüência vibracional.*
- *Simular uma situação e sentir a emoção dela cria a vibração desejada.*
- *Você atrai e entra em ressonância com aquilo que vibra.*

Capítulo VI
— Entrando em ressonância — com seu ambiente

Nós somos o que pensamos e pensamos reagindo a estímulos externos com os quais nos encontramos a todo momento.

Uma casa cheia de entulhos representa um morador desestruturado em algum campo de sua vida. Trabalhando com o Feng Shui e fazendo uma ligação da energia do ambiente com a do morador, descobrimos alguns caminhos por onde ele deve iniciar seu processo de mudança.

Todas as coisas que vemos ou tocamos são constituídas por uma certa freqüência de energia. Algumas são mais densas, outras mais sutis.

Nosso olho está preparado para ver as energias mais densas, mas não vemos sua vibração. Muitas vezes, sentimos claramente, outras, nosso corpo percebe e armazena a informação energética mesmo sem que tenhamos consciência.

Temos no corpo pontos de concentração de energia: os chacras. Cada um representa uma área específica de nossa vida.

Os chacras têm uma relação de sintonia energética com algumas áreas de nossa casa e, através do Feng Shui, na disposição do Baguá[4], detectamos essa relação. A partir daí, encontramos as

---

[4] Baguá é um gráfico usado no Feng Shui para determinar as 9 principais áreas da vida: carreira, espiritualidade, família, prosperidade, fama, relacionamento, filhos/criatividade, amigos/viagens, saúde.

ações que podem ser usadas para elevar tais vibrações e melhorar nossa sintonia com o ambiente onde vivemos.

Alguns seres humanos percebem melhor essas vibrações do que outros.

São pessoas que provavelmente passaram por mais experiências de vidas direcionadas a campos sutis e que estão na frente em sua evolução espiritual e mental.

Elas carregam em sua memória energética todos os sinais, todas as marcas de seu tempo, de seus ancestrais, de suas próprias experiências físicas e extra-físicas. São pessoas que trabalharam mais esse lado invisível que ainda é privilégio de poucos.

Mas, na essência, somos todos iguais, temos à nossa disposição a energia de vida em igual potência, densidade e vibração.

Todos utilizamos os mesmos elétrons, a mesma energia que está no universo esperando para entrar num ou noutro campo vibracional.

Todos nós temos as mesmas ferramentas, os mesmos potenciais. A grande diferença está na prática que temos em utilizar essas ferramentas.

Crescemos aprendendo a usar somente as ferramentas físicas, visíveis, palpáveis e que estão dentro de nosso contexto cultural. Tudo o que foge daquilo que aprendemos como padrão parece-nos inadequado ou incorreto.

Somos críticos e preconceituosos e nos apegamos a normas pré-estabelecidas pela sociedade, mesmo que elas sejam contra nossos sentimentos.

Falta-nos o conhecimento de como tudo isso funciona e a coragem para mudar o nosso olhar, para aceitar o nosso desejo e entrar no fluxo que nos levará à concretização de nossos sonhos.

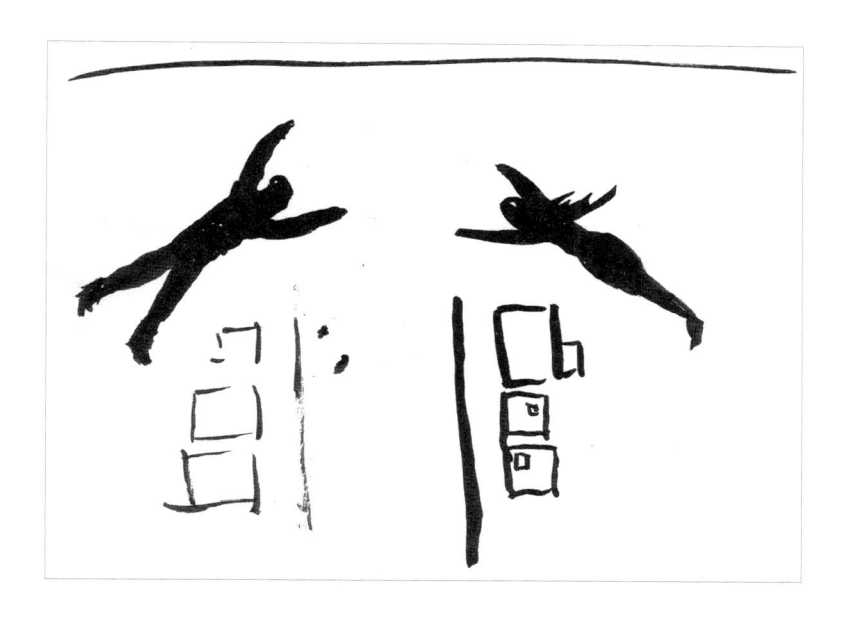

Na realidade, nem todos se incluem nesse contexto. Existem pessoas que já descobriram o dito Segredo da Vida sem sequer saber que isso era um segredo.

E não é realmente segredo algum. Ele simplesmente está aí bem dentro de você, de mim, de qualquer um de nós, à espera de ser acionado.

Inúmeros casos de sucesso existem para comprovar que nosso potencial é infinito.

Tony Melendes,[5] grande músico e guitarrista que nasceu sem os dois braços e hoje é famoso por dar concertos, e tocar magnificamente com os pés, é um deles.

Vários exemplos de força de vontade, de persistência, de coragem, de sabedoria e da utilização consciente de nossos poderes estão aí para comprovar que podemos realizar muito mais do que imaginamos.

---

[5] www.tonymelendez.com/

O Feng Shui pode ajudar a compreender os sinais que captamos do ambiente e nos ajudar a equilibrar as energias contidas nas informações.

Um exemplo simples na disposição dos móveis que nos informa como anda a nossa vibração com relação aos amigos está na arrumação do sofá em uma sala.

Sabe-se que um sofá é para acolher as pessoas da casa, os visitantes e os amigos da família. Usando essa lógica, você não recebe uma pessoa dando as costas para ela.

Sabendo que tudo é energia; sabendo que em tudo existe uma vibração; que tudo é freqüência à espera de uma sintonia e que estamos sempre entrando em ressonância com uma vibração similar, deduzimos que um sofá de costas para a entrada está simbolizando, sutilmente, um dar as costas para os amigos.

Essa informação sutil gera uma energia que vibra nesse tipo de freqüência, que entra em ressonância com o afastamento das visitas ou com os falsos amigos — aquelas pessoas que mesmo sabendo que você não liga para elas, enfrentam alguns inconvenientes para poder aproveitar algo que lhes interessa.

Mudar a posição do sofá, colocando-o de frente para a porta, é como se você estivesse alternando essa vibração para receber um amigo. Você está pronto para abraçá-lo. Essa energia fica vibrando de forma a atrair as visitas que estarão em ressonância com sua alegria em abraçá-los, e essa energia está sutilmente representada no posicionamento do sofá.

Quando você vai comprar um imóvel, com certeza procura saber a direção do sol, quer saber dos vizinhos como são, do movimento da rua. Você procura certo número de informações que deverão lhe atender. Isso é você em sua freqüência, buscando um lugar que esteja em sintonia consigo.

E isso também é um estudo intuitivo do Feng Shui.

Muitas vezes, somos atraídos por lugares que têm a mesma freqüência que existia no local anterior e, dependendo de como você se sentia lá, pode não ser bom, pois continuará se mantendo na mesma freqüência que fez nascer seu desejo ou necessidade de mudança.

O estudo do Feng Shui vai ajudá-lo a compreender que tipo de terreno tem a energia mais propícia, que tipo de planta da casa, o que você deverá focar como atenção para receber de seu novo ambiente uma energia mais elevada.

Geralmente, num terreno onde existem pássaros e borboletas, onde a natureza canta para você, existe uma energia elevada.

Assim como o Feng Shui, as meditações podem ajudá-lo a compreender esse fluxo. As caminhadas, os tratamentos psicológicos, o Yoga e muitas outras atividades que o façam sair da rotina e consigam desligar seu pensamento de suas preocupações estarão sintonizando você com uma freqüência mais elevada.

As cores também são outro grande aliado, pois têm sua própria vibração.

Existem algumas cores específicas que estão relacionadas com os nossos pontos de concentração de energia, os chacras.

No gráfico da página 81, você poderá observar as cores relacionadas a cada um dos chacras principais, a relação deles com a área de sua vida conforme o Feng Shui Tibetano e quais partes do corpo são mais afetadas no caso de as freqüências estarem em desequilíbrio. Um bom livro para obter mais informações é *Feng Shui and Health — The Anatomy of a Home,* de Nancy SantoPietro.

Estar em sintonia com seu ambiente é importantíssimo segundo os resultados das mais recentes pesquisas e, sendo assim, você deve compreender como está vibrando e qual a sensação em relação ao seu ambiente. Fazendo isso, você vai conseguir controlar seu fluxo e se manter nele para obter uma vida feliz e ter resultados positivos em suas escolhas.

Uma forma tranqüila de ajudar no equilíbrio das energias de seus chacras é estar em contato com as 7 cores — vermelha, laranja, amarela, verde, azul, índigo e violeta.

Esse contato pode ser estabelecido usando roupas nessas cores, tendo essas cores em objetos na sua casa ou se alimentando com comidas que tenham essas cores.

Os exercícios que utilizam a visualização de cores e a respiração são de grande ajuda. Muitos terapeutas os utilizam em atendimentos personalizados.

Dependendo do chacra que você quer ativar, respire visualizando a cor correspondente.

Por exemplo: se deseja ativar o chacra básico, inspire visualizando uma linda luz vermelha entrando pela base da coluna (ponto indicado no gráfico). Visualize essa luz percorrendo toda essa região como que transmutando a energia, levando uma nova força e liberando a energia que estava estagnada, pelas pontas dos dedos e pelas plantas dos pés, ao expirar. Faça isso em séries de nove inspirações e expirações.

Entre em contato com a cor do chacra também. Se mentalizar a cor já estará buscando uma elevação de sua freqüência.

O Feng Shui é um assunto fascinante, mas manterei o foco apenas na relação que existe do Eu com o ambiente.

- *O ambiente influencia suas emoções.*
- *Recebemos continuamente sinais vindos do nosso meio.*
- *Tudo é energia que vibra em uma certa freqüência.*
- *Para compreender os sinais, existem vários caminhos: Feng Shui, Meditação, Yoga, Reiki, caminhadas...*
- *Seu corpo vibra uma freqüência e nele existem alguns pontos de concentração de energias: os chacras.*

SISTEMA DE ENERGIAS DOS CHACRAS, GUÁS NO FENG SHUI E SEUS FATORES CORRESPONDENTES

Chacras Centros de Energias	Localização no corpo	Guá – Feng Shui	Cor do Chacra / Cor Feng Shui – Guá	Relação no corpo	Conexão com...
8º chacra Transpessoal	Uns 15 cm acima da cabeça	Saúde	Amarelo ouro / Amarelo	Sistema nervoso central, Males sistêmicos, Cabeça	Eu Superior, Alma
7º chacra Coronário	No topo da cabeça	Fama	Violeta Púrpura / Vermelho	Glândula pineal, Doenças do Sangue, Circulatórias, Cabeça, Crânio, Cérebro físico	Destino e Anseios da Alma
6º Terceira Visão	Entre as sobrancelhas	Conhecimento Espiritualidade	Azul indigo / Azul	Glândula Pituitária, Olhos, Orelhas, Nariz e Testa	Capacidade de ver a verdade das coisas sem o envolvimento emocional
5º chacra Laríngeo	Garganta	Criatividade Filhos	Azul celeste / Branco	Nariz/Garganta, Glândula tireóide, Dentes, Boca, Gengiva e Pescoço	A consciência de nossa Identidade e Talentos
4º chacra Cardíaco	No centro do coração	Relacionamento	Verde / Rosa	Glândula timo, Pulmões, Ombros, Coração, Espáduas, Tórax, Sistema Imunitário, Braços e Mãos	O amor por nós mesmos e pelos outros. Encontro com a natureza com Deus e com o universo
3º chacra Centro de Vontade	Plexo solar, boca do estômago	Carreira	Amarelo / Preto	Adrenais, Estômago, Fígado, Pâncreas, Vesícula, Região lombar e Intestino delgado	A capacidade de enfrentar as situações de forma racional. Impulso energético e força de vontade
2º chacra Centro Social	Três dedos abaixo do umbigo	Família	Laranje / Verde	Órgãos de reprodução, Baço, Intestino grosso, Rins, Apêndice, Vias Urinárias, Bexiga e Quadris	O desenvolvimento de nossa identidade pessoal, de nossa sexualidade, sensualidade e Intimidade. Também tem relação com as emoções, traumas de família. Vícios. Pai
1º chacra Centro de sobrevivência	Na base da coluna	Prosperidade	Vermelho Magenta / Púrpura	Genitais, Pélvis, Ossos, Tornozelos, Pés, Pernas, Cóccix, Ânus Sacro e algumas doenças do sangue	Assuntos ligados à sobrevivência – dinheiro, moradia, alimentação, crianças. Energia para enfrentar os desafios. Mãe

Capítulo VII
‒ Egoísmo? ‒

Eu...
Meu...
Por mim...
Para mim...
Ego...
Ego?
Ego!
Eu em Você!
Você?
Eu?
Deus!

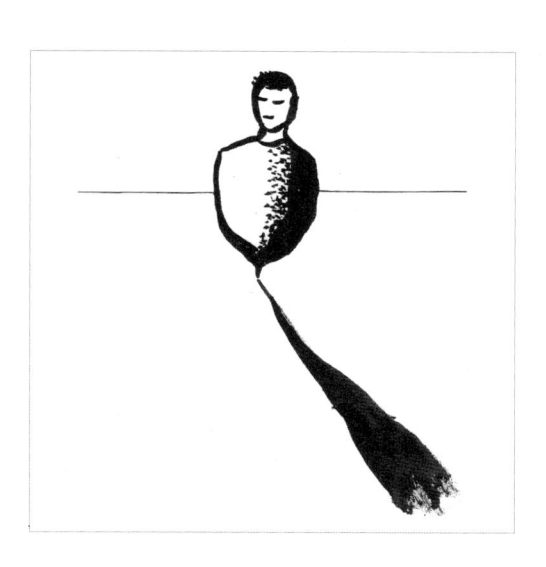

Constantemente me deparo com palavras que, para mim, têm significados totalmente diferentes dos conhecidos por todos.

Egoísmo é uma delas. Na realidade, sei seu significado, mas a utilizo aqui com um outro sentido mais amplo e menos pesado.

Acho que minha mania de encontrar algo de bom nas experiências da vida acontece também com as palavras.

Muitas vezes, incentivar a melhora pessoal pensando mais em si mesmo pode parecer egoísmo.

Mas vamos incentivar o "egoísmo" tendo como objetivo melhorar não somente a própria pessoa como também melhorar a vida daqueles que dividem com ela o mesmo espaço.

Melhorar o seu mundo.

Se estou bem de saúde, não dou trabalho aos meus entes queridos.

Se estou bem no trabalho, trago bons resultados para a minha empresa.

Se estou feliz, irradio felicidade. Dou alegria àquelas pessoas que querem me ver feliz.

Nosso aparente egoísmo deixa de ter conotação pejorativa quando focamos o desejo do bem-estar pessoal na melhoria do todo que somos.

Fazemos todos parte de um mesmo mundo e assim, de certa forma, somos responsáveis pela vida do outro, não pelos seus sentimentos, mas pelo mundo que criamos e que é comum a todos.

Gosto de fazer comparações com o corpo.

Minhas células formam meu corpo, são parte dele e vivem separadamente. Elas se alimentam, fazem a digestão, respiram, e se reproduzem, enfim, vivem independentemente mas, se elas adoecem, se o grupo que forma, por exemplo, o fígado, adoece, o nosso organismo como um todo sentirá as conseqüências.

Cada parte de nós deve funcionar bem, deve estar sadia, para que o meu Ser siga em frente com alegria.

Assim somos nós em nossa comunidade e em nosso mundo. Precisamos estar o melhor que podemos dentro de nossa missão no momento presente. Se hoje sou professor, devo sê-lo da melhor maneira que eu puder. Se neste momento sou mãe, devo procurar cumprir meu papel de forma exemplar. Se hoje sou empregada doméstica, deverei arrumar a casa, lavar louça, passar roupa, enfim, fazer tudo o que está dentro de minhas tarefas, procurando ser eficiente e honesta no desempenho dessas funções.

Meu fígado não pode substituir o coração só por não darem a ele a mesma importância. Todos os órgãos têm igual importância no conjunto de meu ser, assim como cada indivíduo tem a sua importância dentro de sua comunidade. Seja ele rico, pobre, homem, mulher, doutor ou analfabeto.

Cada um de nós tem a sua importância. Cada um está no lugar certo para desenvolver sua missão e melhorar nosso mundo.

Mas o que fazer se o mundo está tão cruel, violento, triste...?

O que fazer se me sinto no lugar errado?

Só existe um jeito de ser eficiente: melhorando o meu próprio mundo.

Assim como cuidamos do nosso corpo quando um órgão adoece, com medicamentos específicos, devemos cuidar da nossa realidade externa.

Vamos considerar o meu mundo como aquele mais próximo a mim: minha família, meus funcionários, o vigia da minha rua, as pessoas que estão no restaurante onde costumo ir, enfim, todos aqueles que de alguma forma estão em contato comigo.

Devo procurar cumprir da melhor forma possível o papel que estou ocupando neste momento.

Volto a dizer: se eu sou professor, que eu procure dar o melhor de mim ao ensinar.

Se sou gari, devo varrer as ruas com alegria e fazê-lo da melhor forma possível.

Se sou guarda florestal, devo zelar pela floresta como se ela fosse a minha verdadeira fonte de vida.

Se neste momento exerço o meu papel de mãe, devo procurar dar amor e atenção e agir de forma a educar da melhor maneira que puder.

Se sou esposa, marido, sogra, devo procurar dar o melhor de mim, buscando sempre um entendimento completo de minha realidade através de minhas sensações, de meus pensamentos/sentimentos/movimentos.

Então devo pensar em mim e esquecer o outro?

Devemos respeitar o outro, desejar sempre o seu bem e lembrar que o que eu penso, eu crio. O que eu desejo, volta sempre para o meu campo vibracional e o fato de desejarmos sempre o bem do outro faz com que esse bem retorne para nós.

Precisamos estar muito atentos a nossa percepção do mundo que existe fora de nós para podermos recriá-lo através dos desejos que nascem dentro de nós.

A ciência hoje já está dando um certo aval ao ser humano que acredita na sorte, aquele ser otimista, que ama independentemente de ser amado ou magoado e sabe que consegue as coisas boas da vida por ser assim.

Na realidade, esse tipo de ser humano não se magoa. Ele cria, sem se dar conta, dentro de si, circuitos que atraem situações de compreensão em sua vida.

Ele sente compaixão, perdoa, carrega dentro de si a fé de que está no lugar certo e de que a alegria de viver está dentro de si próprio.

Na realidade, permanece em seu autêntico fluxo de vida e assim prospera.

Em nossa evolução como ser humano, chegou a hora de assumirmos a possibilidade da criação.

Mas por que será que precisamos que a ciência nos prove que somos poderosos e que podemos mudar a realidade?

Basta você olhar ao redor e tenho certeza que encontrará exemplos de pessoas que mudaram sua vida radicalmente apenas pela Fé, a confiança em si próprio e muitas vezes em seus Deuses, anjos e santos.

Basta olharmos os milagres da vida e, se pensarmos um pouquinho mais, compreenderemos com profundidade as palavras de Nosso Criador e Seus milagres.

Para finalizar este capítulo, pergunto-lhe: qual o significado da palavra egoísmo?

Ou melhor, convido-o a se perguntar onde estão os significados das palavras?

Será que estão naquilo que determinaram ou naquilo que você sente?

Seja egoísta dentro do fluxo do bem. Aprenda a olhar em primeiro lugar para si mesmo e para o seu bem, sentindo que seu mundo se beneficiará dele.

Lembre-se que o seu bem-estar está em suas mãos, e o segredo é que ele está dentro de você.

Pense no seu bem, no seu sucesso e no do outro e saiba que o seu papel está em desempenhar exatamente aquilo que você está vivenciando neste momento.

Aprenda a perceber se está no fluxo de vida desejado a partir de você mesmo.

Os filmes que vemos e os livros que lemos nos ajudam de forma eficiente a chegarmos a essa compreensão. Mas precisamos praticar, precisamos entender que caminho trilhar para pôr em prática todas as informações que captamos. Caso contrário, são simples informações.

Lembre-se sempre que em energia existe a lei da atração. Pense o bem e terá o bem. Deseje o mal e terá o mal.

Cada sentimento ou pensamento tem uma vibração específica que o fará ir em busca de ressonância[6].

Desejar que alguém perca o emprego para você não correr o risco de perder o seu posto ou segurar um funcionário que você treinou para não ter prejuízo com a sua saída não vai ajudá-lo. Mas se você pensar que seu funcionário está crescendo, que você faz parte do processo e sente prazer em vê-lo crescer, cria pensamentos de elevação que atraem freqüências mais elevadas.

Todo pensamento que causa mal estar é de baixa vibração. E tudo o que você pensa ou deseja cria uma vibração que buscará ressonância em vibrações similares.

Para mudar nosso ponto de vista é preciso ter coragem, força e consciência acima de tudo.

Compreenda a mensagem, absorva-a e pratique-a.

Se precisar fixar algo sublinhe o que achou interessante e deixe o livro sempre por perto para reler quando achar necessário.

Já imaginou o que poderia acontecer no nosso mundo se cada um pensasse em melhorar simplesmente sua própria vida?

Estou triste porque tirei nota baixa na prova. Por que, em vez de estudar mais para recuperar minha média, fico investindo meu tempo criticando o colega que colou e tirou nota alta?

---

[6] *Ressonância* é o fenômeno físico em que se registra a transferência de energia de um sistema oscilante para outro, quando a freqüência do primeiro coincide com uma das freqüências próprias do segundo.

Briguei com o namorado e em vez de tentar entender o que está se passando, critico-o, busco nele mil defeitos que justifiquem a briga. Eu poderia investir essa minha energia buscando tudo aquilo que nos fez ficar juntos; todos os momentos que tivemos de alegrias para, com isso, amenizar o momento.

Posso fazer um trabalho voluntário, mas critico a escola que não se ocupa disso também.

Tenho posses e poderia contribuir para tirar uma criança da rua, mas não o faço e simplesmente jogo a culpa da miséria, nos políticos.

Critico, procuro soluções para outras pessoas realizarem — tudo isso cria em mim uma química que está fora do meu propósito de vida.

Agir de acordo com o momento presente, tentando melhorar minha atual posição, é a melhor forma para se manter no fluxo de sua verdade e de seus sonhos.

Como seria bom realmente se conseguíssemos entender melhor a nossa posição e a de nosso semelhante!

Geralmente, procuramos dar um jeito na vida do outro sem olhar para nossa própria vida ou buscar soluções para os nossos problemas.

Gosto do mandamento da Igreja católica que diz: AMAI AO PRÓXIMO COMO A TI MESMO.

Se esse é um dos mandamentos de Deus, para mim significa que antes de amar ao próximo, tenho que amar a mim mesma, portanto, tenho que pensar em mim antes de pensar no outro.

Isso pode parecer egoísmo mas, sinto que se eu realmente não conseguir me amar, como poderei amar o próximo?

E, depois de refletir um pouco, realmente compreendo que se cada um de nós estivesse de bem com a vida, os problemas não existiriam.

Se eu estou bem, posso passar esse bem-estar ao outro e, em conseqüência, o outro também me retribuirá com bem-estar.

Já ouviu falar no efeito dominó? Pois é, a melhoria vem em cadeia e se propaga como uma onda de energia.

Sabe quando jogamos uma pedrinha na água e ela cria círculos que se propagam? Pois bem, é isso que acontece quando criamos um pensamento/sentimento e o valorizamos reforçando o pensar/sentir, ele ressoa.

Nossas atitudes estão sempre influenciando a do outro.

Um gesto grosseiro desencadeia reações grosseiras. Um gesto gentil pode mudar a vida de quem agiu e de quem recebeu.

Presenciar uma situação de violência e se unir a ela atrai situações de violência para sua vida.

Assistir filmes violentos, ver noticiários que só falam de morte, qualquer informação ruim ou triste que chega até você cria novos circuitos similares.

Vou citar uma historinha de que gosto muito e que nos mostra a importância de nossas atitudes mais simples, mas antes, gostaria de complementar dizendo que nos apegamos aos acontecimentos de maior impacto, aos casos mais importantes de nossa vida esquecendo que em nosso cotidiano podemos engrandecer nossa alma através de pequenos gestos.

Saiba que faz uma enorme diferença:
– se desejar um Bom Dia ao acordar,
– se olhar no espelho e se fazer um elogio,
– cumprimentar alguém no elevador com um Bom Dia sorridente,
– dar um abraço carinhoso a um amigo,
– falar no telefone com um sorriso nos lábios.

Gestos e atitudes simples do dia a dia podem fazer uma grande diferença.

Egoísmo?

A história a seguir é exemplo de um pequeno gesto que fez a diferença no mundo de alguém.

A HISTÓRIA DE KYLE [7]

Quando eu era calouro na escola, um dia, vi um garoto de minha sala caminhando para casa depois da aula. Seu nome era Kyle. Parecia que ele estava carregando todos os seus livros. Eu pensei: "Por que alguém iria levar para casa todos os livros numa sexta-feira? Deve ser mesmo um C.D.F!!!"

Meu final de semana estava planejado (festas e um jogo de futebol com meus amigos no sábado à tarde), então dei de ombros e segui meu caminho. Quando caminhava, vi um grupo de garotos correndo em direção a Kyle. Eles o atropelaram, derrubando todos os seus livros e fazendo-o cair no chão. Seus óculos voaram e aterrissaram na grama a alguns metros de onde ele estava. Kyle ergueu o rosto e eu vi uma enorme tristeza em seus olhos. Meu coração penalizou-se! Corri para o colega, enquanto ele engatinhava procurando os óculos.

Pude ver uma lágrima em seus olhos e quando lhe entreguei os óculos, disse: "Aqueles caras são uns idiotas! Eles realmente deviam arrumar o que fazer."

Kyle olhou-me nos olhos e disse: "Ei, obrigado!" Havia um grande sorriso em sua face.

Era um daqueles sorrisos que realmente mostram gratidão.

Eu o ajudei a apanhar os livros e perguntei onde morava. Por coincidência, ele morava perto da minha casa. Não havíamos nos visto antes porque ele freqüentava uma escola particular.

---

7. Texto tirado da Internet, de autoria de Stephen Covey, a quem dedico minha gratidão.

Conversamos por todo o caminho de volta para casa e eu carreguei seus livros.

Ele se revelou um garoto bem legal.

Perguntei-lhe se queria jogar futebol no sábado comigo e com os meus amigos. Ele disse que sim. Ficamos juntos por todo o final de semana e quanto mais eu o conhecia, mais gostava dele. Meus amigos pensavam da mesma forma.

Chegou segunda-feira e lá estava o Kyle com aquela quantidade imensa de livros outra vez! Eu o parei e disse: "Diabos, rapaz, você vai ficar realmente musculoso carregando essa pilha de livros todos os dias!" Ele simplesmente riu e me entregou metade. Nos quatro anos seguintes, Kyle e eu nos tornamos mais amigos, mais unidos.

Quando nos formávamos, começamos a pensar em Faculdade. Kyle decidiu ir para Georgetown e eu, para Duke. Eu sabia que seríamos sempre amigos, que a distância nunca seria problema.

Ele seria médico e eu ia tentar uma bolsa escolar no time de futebol.

Kyle era o orador oficial de nossa turma e teve que preparar o discurso de formatura para quando subisse no palanque. Fiquei super-contente por não ter sido eu a fazê-lo.

No dia da formatura, Kyle estava ótimo. Estava mais encorpado e realmente tinha uma boa aparência. Mesmo usando óculos ele saía com mais garotas do que eu e todas as meninas o adoravam! Às vezes, eu ficava com inveja. Aquele, era um desses dias. Eu podia ver o quanto ele estava nervoso com o discurso. Dei-lhe um tapinha nas costas e disse: "Ei, garotão, você vai se sair bem!". Ele olhou para mim com aquele olhar de gratidão, sorriu e disse: "Valeu!!!" Quando subiu ao parlatório, limpou a garganta e começou o discurso:

"A formatura é uma ocasião para agradecermos àqueles que nos ajudaram durante estes anos duros. Aos pais, professores, irmãos, talvez até um treinador... mas principalmente aos amigos. Eu estou aqui para lhes dizer que ser um amigo, para alguém, é o melhor presente que você pode lhe dar. Vou contar-lhes uma história."

Olhei para o meu amigo sem conseguir acreditar que ele contava a história do dia em que nos conhecemos.

Ele havia planejado se matar naquele final de semana! Contou a todos como havia esvaziado seu armário na escola para que sua mãe não tivesse que fazer isso depois que ele morresse e estava levando todas as suas coisas para casa. Olhou diretamente nos meus olhos e deu um pequeno sorriso.

"Felizmente, meu amigo me salvou de fazer algo inominável!"

Eu observava o nó na garganta de todos na platéia enquanto aquele rapaz popular e bonito contava a todos aquele seu momento de fraqueza. Vi sua mãe e seu pai olhando para mim e sorrindo com a mesma gratidão. Até aquele momento, jamais havia me dado conta da profundidade do sorriso que ele me deu naquele dia.

A história termina com o autor dizendo:

Nunca subestime o poder de suas ações. Com um pequeno gesto você pode mudar a vida de uma pessoa. Para melhor ou para pior. Deus nos coloca na vida dos outros para que tenhamos um impacto, uns sobre os outros, de alguma forma.

Eu complementaria o comentário do autor dizendo que seu Deus Interior o coloca no fluxo da vida de outra pessoa para que você consiga compreender melhor a sua existência e execute a sua missão, o seu propósito de vida.

Você está constantemente emitindo e recebendo sinais. Vive na ilusão entre erros e acertos. Responde ao seu ambiente e é uma espécie de vítima das circunstâncias que a vida lhe oferece. Mergulha num emaranhado de conseqüências se não estiver atento.

Explore um novo olhar, vá fundo e assuma a responsabilidade de sua criação.

É compreendendo que através da consciência, do conhecimento mais profundo sobre como funcionamos, que a responsabilidade se torna mais leve e mais eficaz.

É tudo uma questão de percepção e resposta.

Como você tem visto o seu mundo?

Como tem respondido a ele?

Questione-se, identifique o fluxo de vida no qual você está e decida se é nele que deseja continuar.

Aqui cabe um outro texto interessante denominado princípio 90/10.

Segundo esse princípio, 10% da sua vida estão relacionados com aquilo que se passa com você, os outros 90% estão relacionados à forma como você reage àquilo que se passa com você.

Isso significa que nós não temos controle sobre 10% daquilo que nos sucede. Não podemos evitar que o carro enguice, que o avião atrase, que o semáforo fique vermelho. Mas é você quem determinará os outros 90%.

Como?

Com sua reação.

Exemplo: você está tomando o café da manhã com sua família. Sua filha, ao pegar a xícara, deixa o café cair na sua camisa de trabalho. Você não tem controle sobre isto. O que acontecerá em seguida será determinado por sua reação.

Você se irrita. Repreende severamente sua filha e ela começa a chorar. Censura sua esposa por ter colocado a xícara muito na beirada da mesa. E começa uma batalha verbal.

Contrariado e resmungando, você vai mudar de camisa. Quando volta, encontra sua filha chorando mais ainda e ela acaba perdendo o ônibus para a escola. Sua esposa vai para o trabalho também contrariada. Você tem de levar sua filha de carro para a escola. Como está atrasado, dirige em alta velocidade e é multado. Depois de 15 minutos de atraso, uma discussão com o guarda de trânsito e uma multa, vocês chegam à escola. Sua filha sai do carro sem se despedir. Quando chega no escritório, atrasado, você percebe que esqueceu a maleta. Seu dia começou mal e parece que ficará pior. Você fica ansioso para o dia acabar e, quando chega em casa, sua esposa e filha estão de cara fechada, em silêncio e frias com você.

Por quê? Por causa de sua reação no café da manhã.

Pense: Por que seu dia foi péssimo?
a) Por causa do café.
b) Por causa de sua filha.
c) Por causa de sua esposa.
d) Por causa da multa de trânsito.
e) Por sua causa.

A resposta é obviamente a e).

Você não teve controle sobre o que aconteceu com o café, mas foi o modo como reagiu naqueles 5 minutos que deixou seu dia ruim.

....

O café cai em sua camisa. Sua filha começa a chorar e você diz a ela, gentilmente: "Tudo bem, querida, você só precisa ter mais cuidado."

Depois de pegar outra camisa e a pasta executiva, você volta, olha pela janela e vê sua filha pegando o ônibus. Dá um sorriso e ela retribui, dando adeus com a mão.

Notou a diferença?

Duas situações iguais que terminam de formas muito diferentes. Por quê?

Porque os outros 90% são determinados por sua reação.

Aqui demos um exemplo de como aplicar o princípio 90/10. Se alguém disser algo negativo sobre você, não leve a sério, não deixe que os comentários negativos o afetem. Reaja apropriadamente e seu dia não ficará arruinado.

Como você pode ver, existem inúmeras formas de explicar o caminho, você só tem que compreender a informação e praticá-la. Sem a prática, a absorção da informação vale muito pouco. A informação fica armazenada para ser utilizada pelo seu inconsciente no momento em que sua freqüência entrar em sintonia com uma informação similar. Mas com sua ação consciente você estará atraindo essas freqüências e acelerando seu processo de realização e conscientemente se mantendo no fluxo de vida desejado.

Esteja atento a si próprio, sempre!

Em sua individualidade, você não é uma ilha e, ao se questionar sobre o que é, qual o seu propósito de vida, inicia-se o processo de compreensão de que não existe o Eu sem a existência do outro.

Revendo a comparação que fiz de nosso corpo, sem um coração eu não existiria como ser humano ou... sem o conjunto de células que me compõem, quem seria eu?

Algumas partes de meu corpo são indispensáveis para minha existência assim como algumas pessoas, alguns lugares e até mesmo alguns objetos são indispensáveis em minha vida.

Cada um de nós está no lugar certo. Precisamos olhar para dentro de nós mesmos e buscar o nosso propósito. Encontrar o nosso fluxo de vida, a nossa freqüência vibracional para podermos cumprir a nossa missão nesta passagem chamada VIDA utilizando os poderes que nos foram conferidos.

É gratificante quando compreendemos a unicidade do mundo, mas ao mesmo tempo assustador nos conscientizarmos da grande responsabilidade que temos nos acontecimentos que vivenciamos, que vemos ou dos quais simplesmente ouvimos falar.

Nós interagimos sempre e o que fazemos ou pensamos reverbera para o exterior de nosso ser para depois voltar.

O universo nos mostra que não existem erros, tudo está perfeito e a ilusão de que muita coisa não depende de nós é substituída pela certeza de que a realidade é fruto de uma combinação perfeita de nossas percepções.

O medo da responsabilidade passa a ser uma certeza: quero o bem do outro, pois esse bem retornará a mim.

Com plena consciência e buscando compreender meus pensamentos, vivo o presente buscando o fluxo que me manterá na freqüência de atração daquilo que desejo.

- O egoísmo pode existir se for praticado com o objetivo da melhora coletiva.
- Aceite e vivencie da melhor maneira o seu momento presente.
- Tenha consciência de onde está o seu bem estar e o valorize para emanar boas energias.
- Energias similares se atraem – pense o bem e terá o bem.
- A informação sem a prática é apenas conhecimento.
- A informação colocada em prática nos leva à consciência.
- Ame a si próprio e esse amor se refletirá em seu semelhante criando uma realidade pacífica.
- Valorize pequenos gestos, eles são importantes na elevação de sua freqüência vibracional.

Capítulo VIII
~ Revendo o olhar ~

Na pequena grande imensidão da alma de cada SER[8]
Existem inúmeros desdobramentos que o levam a caminhos infinitos.
Cada minúsculo fragmento contém emoções... Vibrações...
Vibrações de um SER...
Emoções do ESTAR presente nessa vida!
Desdobramentos que o eternizam
E, ao mesmo tempo, o mantêm dinâmico
e multiplicador de sentimentos...
De existência...
De experiências maravilhosas que na roda viva da vida,
Retornam sempre à pequena grande imensidão do SER
Novos e diferentes passos, arrojados caminhos...
Vitais redescobertas!

---

[8] Reflexão feita em parceria com Ana Lúcia.

Ao compreender o que a física quântica tenta dizer e ao tomar conhecimento do que a nova genética comprova, fica mais fácil rever meu olhar em relação à vida e em relação a mim mesma.

Quando me olho no espelho, vejo inúmeras respostas.

Se me vejo simplesmente como esse ser refletido, o *eu* ser humano dentro desse corpo que às vezes amo, às vezes critico, às vezes quero mudar para agradar ao outro, outras vezes para agradar a mim mesma (de certa forma aceitando aquela imagem como sendo a minha única realidade), estou me limitando ao mundo físico que conheci até hoje onde as emoções são "impossíveis" de ser transmutadas — afinal, sou resultado de meu mundo exterior e não tenho poder sobre ele.

Se me aceito como um ser quântico; a imagem que vejo refletida no espelho passa a ser apenas uma das possibilidades do que eu sou.

Outra possibilidade de quem eu sou e na qual me focarei neste momento é a imagem de que sou uma comunidade de células. Exatamente como o que eu sou em relação ao meu mundo exterior, eu sou uma "célula" em relação a minha comunidade, por exemplo.

As células são verdadeiras entidades vivas, elas estão sempre se renovando e cabe a mim decidir se as deixo serem substituídas por outras de igual qualidade ou as substituo por outras com as características da nova realidade que busco para a minha vida.

Fazendo um paralelo entre a célula e o meu ser, me vejo como uma pequena, porém importante, parte de um todo dentro de minha comunidade, que, por sua vez, é um agrupamento de "células" que formam a nossa cidade, que por sua vez forma o meu Estado, o meu país, o meu continente, o meu mundo.

Uma célula doente em meu corpo poderá contaminar outra, depois mais outra e degenerar um de meus órgãos, assim me levando até a morte.

Cuidando de minhas células, conhecendo como elas funcionam, como se reproduzem, consigo cuidar de mim e o resto virá como conseqüência. Uma família sadia, uma comunidade feliz, um Estado mais digno, um país mais sério, um continente mais rico, um mundo melhor.

Ainda nesse raciocínio, com essa consciência da unidade formando o todo, sinto nosso planeta sendo renovado e curado.

Voltando ao pensamento: ele é o comandante dessa comunidade de células.

Sua mente comanda um exército de trilhões de soldados. Eles escutam e obedecem.

Assim como os soldados não podem contestar uma ordem, as células não possuem um mecanismo que lhes permita discordar de seu pensamento.

Elas delegam sua inteligência ao cérebro. Em sua singularidade, obedecem aos seus pensamentos e respondem recriando novos grupos de células que atenderão às suas ordens.

Não existe questionamento, ou a mínima possibilidade de elas se rebelarem e irem contra as suas ordens (o pensamento).

Se eu entender o que são as células e como elas funcionam, vou entender melhor quem sou e como funciono e chegar à conclusão de que posso fazer tudo o que as células fazem porque sou feito delas. Com uma única diferença, elas obedecerão ao meu comando.

Se alguém me diz que algo me faz bem e eu acredito que, se testar, mal não me fará, experimento.

Tudo o que estou sentindo, além de estar dentro de minha crença e de meu jeito de ser, está sendo explicado pela ciência.

Não preciso saber como o motor de um carro funciona para ligá-lo e usá-lo. Existem engenheiros mecânicos, trabalhadores que estão sempre criando e aperfeiçoando máquinas para transportar passageiros.

Não preciso saber como a energia elétrica passa pelos fios para ligar um interruptor e tê-la ao meu dispor.

Também não preciso saber profundamente como minhas células são. Preciso apenas saber como acioná-las.

Muitas vezes, precisamos de um empurrão para acionar um mecanismo.

Os cientistas dizem que as células carregam em seu DNA minúsculas características do que nós somos, mas que podemos alterar a expressão dessas características através de nossa vontade.

Mas como podem as células nos obedecer se elas têm suas características pré-determinadas?

Há algum tempo, apenas características físicas eram ditadas pelo DNA. Depois, os cientistas reconheceram que as emoções e nossa forma de agir, de certa forma, eram também herdadas através de nossos genes e tudo passou a ser "controlado" pelo DNA.

Hoje, estudos comprovam que os genes não controlam tudo. A ciência começa a provar que o DNA não controla a vida. Ela afirma que quem comanda o nosso organismo, o nosso Ser, são as proteínas. Se aceitarmos que o DNA determina o nosso físico, as nossas emoções, as nossas reações, o nosso funcionamento, significa que somos vítimas desse DNA. Somos vítimas de nossa hereditariedade.

E, de uma forma muito sutil, é isso que aprendemos desde que nascemos.

Nas escolas e universidades, nos ensinam que não podemos mudar nossa genética. Isso significa que não podemos mudar as nossas características físicas, os nossos sentimentos, ou o nosso comportamento, porque ele já vem pré-determinado.

Mas existem aquelas pessoas que nascem com uma deficiência física e que, de alguma forma, fogem aos padrões "normais". Elas lutam contra uma sociedade que as discrimina, mas não desanimam e se superam encontrando novas soluções para entrar num fluxo de vida feliz. Mostram ao mundo o quanto somos poderosos e como podemos, com nosso desejo, superar qualquer genética que nos desagrade.

Ora, porque nasci sem braços não vou ficar choramingando por não poder tocar violão, ou por não poder pintar um quadro![9]

A dificuldade desse aprendizado está em nossa cultura e nos "vícios" emocionais que temos.

Nós nos viciamos em nossos sentimentos, em nossos pensamentos, em nossas atitudes... e esses são vícios tão difíceis de largar quanto o vício do cigarro ou de qualquer outra droga.

Trouxemos do passado uma total irresponsabilidade em relação aos acontecimentos do mundo. Está sempre no outro o poder da solução para a violência, os maus tratos, para diminuir a fome, a miséria... Não queremos assumir nosso papel.

A solução está sempre nas mãos dos outros.

Será que somos mesmo vítimas de nossa hereditariedade? Será que não está justamente em nós a chave para um novo mundo?

Com base em várias experiências feitas com as células, cientistas como o Dr. Bruce Lipton fizeram importantes descobertas.

---

[9] Exemplos lindos você poderá encontrar nos sites www.apbp.com.br e www.tonymelendez.com

Uma delas foi quando retiraram o núcleo da célula para ver se ela morreria. A célula, sem núcleo, continuou a se alimentar, a fazer a digestão e a se movimentar. Permaneceu viva por quase três meses.

Isso quer dizer que não é o núcleo que mantém as células vivas, não são os genes. Outras experiências foram feitas e descobriu-se que são as proteínas que mantêm as células vivas.

O Dr. Bruce Lipton descobriu que a função do núcleo, na realidade, estava muito mais ligada à reprodução.

A célula morreu devido à falta de produção de novas proteínas.

As proteínas são geradas a partir dos sinais que recebemos do ambiente.

Não preciso conhecer a fundo o processo biológico e científico para aceitar o que está ao meu alcance.

Aceito, portanto, que genes não controlam a biologia. E isto significa que eu e você não somos vítimas de nossa hereditariedade.

O Dr. Bruce Lipton fez experimentos com células humanas. Ele constatou que, mudando o ambiente da célula, ela mudava suas características.

Cada vez que ele mudava a célula de ambiente, ela sofria alterações, e ele se perguntou o que a estaria fazendo mudar, o que a estaria controlando?

A resposta foi que o ambiente controla a célula. Quando ele colocava a célula em um ambiente propício, ela crescia e se desenvolvia. Quando a mudava para um ambiente pequeno e apertado, ela parava de crescer. Mas se ele a devolvia ao ambiente propício, ela voltava a se desenvolver.

O interessante era que a célula adquiria características do local. Estreita e longa, baixa na forma de um quadrado, gorda, e assim por diante.

Quando era colocada num ambiente doente, a célula adoecia e, se era retirada de lá, imediatamente se recuperava. Em qualquer lugar onde ele a colocasse o ambiente determinava o seu comportamento.

Você é um agrupamento de 50 trilhões de células. Onde está colocando as suas células? Que informação está dando para elas? O que tem visto, escutado e absorvido de seu ambiente? Esteja mais atento a partir de hoje.

O Feng Shui é uma ferramenta apropriada.

Ouvir notícias de assalto, insistir em comentários sobre violência, ver filmes ou assistir programas violentos, ouvir músicas tristes, freqüentar lugares onde a sujeira impera, onde as pessoas são maltratadas, tudo o que você ouvir, observar e deixar entrar em seus sentidos influencia na formação e manutenção de seu batalhão de células.

Se você morar numa comunidade carente, onde os arredores são sujos e violentos, mas mantiver a sua casa organizada, a sua mente alerta e o seu coração com bons sentimentos, pode ter certeza de que pouco tempo você ficará nesse lugar.

Enquanto permanecer lá, aceite que seu papel nesse momento é onde você está e tente estar sempre atento aos seus sentimentos/pensamentos. Acredite que está ajudando a elevar a energia desse lugar.

Cada pensamento e cada informação aceita em sua mente, cria novas químicas, novos circuitos.

O fato de você estar em contato com ambientes e acontecimentos de baixa vibração significa que se você não tiver consciência de seu papel neste exato momento de sua vida, de seus desejos, de seus sonhos, do que você quer para sua realidade, essa é a sua realidade. Mas, se seus sonhos se vestem de gratidão por aquilo que você tem e busca realizar seu papel de forma a elevar sua energia, esse é apenas um período, uma fase para o seu crescimento, para enxergar como realidade aquilo que está em sua mente.

Existe química para todo tipo de situação e sentimento.

Os cientistas estavam inconformados em saber apenas que as células mudavam de acordo com a mudança do ambiente. Eles precisavam entender como isso ocorria e mais experiências foram feitas.

O Dr. Lipton explica que dentro das células existem as proteínas e cada proteína tem uma cadeia de aminoácidos que ele chamou de espinha dorsal. Nessa espinha dorsal existem 20 tipos diferentes de aminoácidos e a seqüência de seu acoplamento é que irá fazer com que cada proteína adquira a sua característica.

Elas se acoplam umas com as outras e, dependendo de seus formatos, vão se "casando" e criando os movimentos, isto é, vão formando as máquinas de criação de novas proteínas. Cada uma destinada a uma função.

Existe o grupo que faz a digestão, o grupo responsável pela respiração, o grupo dos sentimentos específicos... Diferentes proteínas trabalham juntas para criar ações e reações diferentes. As células são conjuntos de proteínas que, juntas, criam uma função específica — digestão, respiração etc. Temos máquinas de proteínas dentro de nossas células.

Para movimentar essa máquina precisamos de combustível e a fonte que fornece essa energia está em nosso ambiente: são os SINAIS.

Por isso somos resultado de nosso ambiente e precisamos fixar a nossa atenção, e compreender como funcionamos para entender de forma positiva os sinais que recebemos para o desenrolar de nossa vida.

Precisamos exercitar a consciência, senão o nosso inconsciente trabalhará por nós. E quando deixamos nossas ações e reações a cargo dele, ele age sempre de acordo com a herança energética que acumulamos até aquele momento.

Nosso inconsciente reage exatamente como nossos pais. Somos nossos pais em ação ou agimos de acordo com nossos educadores e ambientes no qual vivemos.

Ao deixar a vida seguir sem a devida atenção, você estará sendo o resultado de seu ambiente e das experiências passadas. Se focar a sua atenção, você terá condições de decidir em que fluxo de vida quer estar.

Ler, "aprender" e aceitar que é possível, mas não praticar, vai fazer com que permaneça no mesmo lugar. Portanto, busque um caminho para a prática.

- As células obedecem às ordens (pensamentos) sem contestar.
- Para cada pensamento repetido, uma nova rede de neurônios é criada.
- Existe um novo código genético que fala da possibilidade de "alterarmos" a manifestação do DNA.
- A genética não controla nossa vida. Os genes não dizem o que sou.
- Independente das características contidas no DNA, se mudarmos uma célula de ambiente, ela muda as suas características.
- Você é um agrupamento de células. Esteja atento em que ambiente você as está colocando.
- O Feng Shui é uma ferramenta que pode ajudá-lo a compreender os sinais que estão sendo enviados para o seu corpo.
- Cada situação, cada pensamento ou sentimento cria uma química específica.
- Os sinais que captamos são o combustível que alimenta as células, criando as proteínas que determinam as características de quem somos e de qual é a nossa realidade.
- Se não estivermos atentos, nosso inconsciente nos fará agir exatamente como nossos pais e educadores e de acordo com o ambiente externo, esquecendo o poder que existe dentro de nós para vivermos exatamente aquilo que desejamos.

Capítulo IX
~ Os sinais ~

Vamos entender um pouco mais sobre esses sinais que armazenamos com o tempo.

Eles podem ser emitidos e captados em forma de ondas ou de moléculas.

Os moleculares são aqueles que são vistos ou sentidos através de nossos cinco sentidos: um objeto, uma pessoa, alguma coisa física ou que é percebida claramente pelo olfato ou pela audição, por exemplo.

Presenciar uma discussão, ver um casal de namorados apaixonados, esbarrar num móvel, ouvir uma música são sinais captados pelos nossos sentidos e armazenados quando são associados a uma emoção. E essa emoção cria uma vibração que vai gerar os circuitos que estarão alerta para serem utilizados na ocasião em que uma freqüência similar se aproximar. Se houver uma freqüência favorável por perto, a reativação dela se dará. Se você estiver desatento ao seu presente momento e ao fluxo de vida desejado, ela estará se apresentando e criando a sua ação.

Já os sinais em ondas são enviados através dos aparelhos eletrônicos — ondas eletromagnéticas, ondas de rádio, TV, aparelhos eletrônicos em geral e as ondas emitidas pelos humores e comportamentos alheios. Dependendo do sinal, os aminoácidos se acoplam para criar as características da cadeia de proteínas (espinha dorsal da proteína), mas o importante é saber que ela vai gerar um movimento.

A idéia, então, é entender esse funcionamento para conseguir regular a captação dos sinais que controlam a geração de proteínas saudáveis que alimentarão seu bem-estar.

Regulando os sinais, regulo os movimentos.

Regulando os movimentos, gerencio conscientemente a minha vida e crio a minha realidade.

Quando analiso meu lado físico e meu lado psicológico e constato que estou bem, significa que os sinais que estão chegando são bons.

Por exemplo, vivencio uma experiência de amor, e me sinto feliz. Nessa situação, estou captando os sinais que me mantêm no fluxo de vida que desejo. Mas também posso vivenciar uma experiência de amor onde paira uma situação ameaçadora, por exemplo, a pessoa que amo tem antecedentes criminais, droga-se e bate em mim. Apesar de amá-lo, esse amor não está me deixando no fluxo de vida ideal. Apesar de alimentar um sentimento de alta vibração, ele está envolvido em um mundo cheio de ações e sentimentos de baixa vibração que alimentam um outro sentimento — o medo. Cabe a mim mudar meu pensamento, criando em meus sonhos aquilo que me faz sentir bem, e ao mesmo tempo, criar em meus pensamentos situações de bem-estar, de carinho e compreensão com esse parceiro. Mas o que acontece geralmente é a submissão por amor ou por medo e o alimento desse medo no pensamento aumenta a química que me deixará cada vez mais envolvida nessa mesma situação. Se o pensamento positivo pode me fazer mudar de parceiro, também pode fazer com que esse que me bate, me abandone ou até mesmo com que pare de me bater.

Se estou mal, doente, nervoso etc., é por que alguma coisa está errada. E onde estará o erro?

Os sinais

111

Considerando nossa total responsabilidade sobre a nossa vida, duas possibilidades podem ser destacadas: ou os sinais não estão chegando de forma positiva para criarem as proteínas dentro do fluxo que desejamos para a nossa vida, ou a fábrica de proteínas não está funcionando bem por problemas de nascença.

Lembro aqui outra pesquisa[10] que diz que somente 5% da população mundial têm problemas de saúde congênitos. Os 95% restantes têm seus genes prontos para funcionar perfeitamente bem. Isto é, têm suas máquinas de proteínas em bom estado e precisando somente de um bom interpretador dos sinais externos, um bom condutor.[11]

---

[10] Informação tirada do "What The Bleep Conference", no Canadá, em 2005.
[11] Aconselho-os a lerem os artigos e livros do Dr. Bruce Lipton para conhecerem a fundo suas pesquisas e experiências: www.brucelipton.com

Se sua máquina de proteínas está em perfeito estado e ainda assim você não está bem, não se sente no fluxo de energia que lhe dá prazer, precisa agir. Alguma coisa está errada na sua captação dos sinais.

Você lembra que são eles que movimentam sua fabricação de proteínas?

Vamos procurar o erro que está gerando essas ordens equivocadas?

Como será que captamos os sinais que geram os movimentos fora de nosso fluxo?

Foram identificados três fatores principais: traumas, drogas e o pensamento.

Os sinais

O processo de captação desses sinais se inicia em nossas células. É na membrana que a separa do exterior (que poderíamos comparar com a pele), que está o cérebro, as antenas de captação de informações que elas utilizam para receber os sinais e decodificá-los.

Se existe um TRAUMA, essa informação pode não chegar ou chegar truncada e gerar proteínas que criarão uma vibração fora do fluxo de energia desejado.

Sinal mal-recebido pode significar o desenvolvimento de alguma doença ou a não formação das proteínas necessárias ao bom movimento da vida.

Quando o corpo adoece você deve seguir as orientações do seu médico e tomar os medicamentos que ele receita mas, em paralelo, aplique as descobertas que tem feito sobre o seu poder de cura. Aos poucos, você verá que seu próprio médico reduzirá os medicamentos indicados e você irá precisar, cada vez menos, de químicas que vêm de fora de seu próprio organismo para estar bem de saúde.

E as DROGAS? Bem, as toxinas são químicas que modificam a recepção e propagação dos sinais e isso também modifica a formação daquela cadeia (espinha dorsal).

Toda química, vinda de fora ou de nosso próprio organismo, modifica a fabricação de movimentos em nossa vida.

Dos três aspectos, o mais importante é o PENSAMENTO (sugestão ou mente).

Os sinais estão em todo lugar, e a todo instante, nosso cérebro os está captando.

E não existe nada de errado neles, o erro está na forma como os captamos.

Esses sinais são controlados pelo cérebro da célula e, como dissemos antes, ele está em sua "pele" (membrana), onde existem as "anteninhas" que estão sempre ligadas.

Existem várias camadas na pele e o sistema nervoso central é a extensão dessas camadas.

A pele controla os sinais porque é a única parte externa e interna ao mesmo tempo. Ela capta os sinais e os envia para o cérebro, delegando-lhe sua inteligência, decisões e orientações.

Ao receber os sinais, o cérebro envia um sinal interno que nos faz sentir alguma sensação física. Essa sensação pode até mesmo se transformar em doença, mas é justamente ela a nossa grande aliada para a criação de novos circuitos.

Decodificamos os sinais que recebemos através do sistema nervoso central e os enviamos ao núcleo das células para que sejam fabricadas as proteínas.

Conforme são decodificados, esses sinais vão formando a cadeia específica de cada proteína, fazendo o acoplamento entre elas e criando o movimento na máquina.

Esse movimento cria a percepção física e essa decodificação depende exatamente dessa **percepção** — portanto, podemos dizer que a percepção controla a nossa vida e que os genes respondem às percepções.

PERCEBER = captar pelos sentidos.

Mude sua percepção e você estará mudando a sua realidade.

Vejamos o exemplo de pessoas com câncer.

O que torna diferentes as pessoas que se curam? Elas não aceitam a idéia de estarem doentes. São firmes em acreditar e desejar outra coisa para a sua vida que não aquela doença.

Quando fazemos isso com FÉ, quando aquilo que você sente é a sua cura, você cria os circuitos que reforçam esse pensamento, essa química.

Os sinais

Mas não é só isso. Às vezes, você coloca toda a sua Fé, a certeza da cura, se imagina curado mas não vê melhoras em seu quadro. Então, precisa entender os circuitos que está alimentando que estão se chocando com os novos que estão sendo criados. É preciso resgatar a consciência da emoção causadora desses circuitos impeditivos.

Os genes são como amostras, esboços, programas tutoriais que estão armazenados à espera de algo que os faça entrar em movimento. Eles ficam aguardando algo que lhes dê vida. Muitas vezes, aquele circuito impeditivo está nas lembranças genéticas, mas não é decisão dos genes o fato de ele ser azul, vermelho, gordo, magro...

Eles funcionam desta forma: dentro do núcleo da célula existem os cromossomos, 23 pares, metade vem da mulher e a outra metade, do homem. São eles que determinam nossa hereditariedade. Os cromossomos são compostos por 50% de DNA e 50% de proteínas.

E o que gera o movimento no nosso organismo são exatamente as proteínas.

Para mim, movimento está associado à vida. O que me faz viver não é o meu DNA mas as minhas proteínas.

No passado, os cientistas se preocupavam tanto com o DNA que deixaram de estudar as proteínas. Foram 50 anos jogando fora 50% do núcleo da célula até que alguém decidiu estudar esse lado também.

Quando decidiram estudar as proteínas, os cientistas criaram o segundo código genético. As características hereditárias do DNA não são eliminadas, depende somente de você ativá-las ou não.

Crescemos aprendendo que somos resultado de nossos genes, de nossa família, que nossos pais nos ensinaram. Mas esses genes são apenas parte do nosso projeto de Ser. Os ensinamentos são outra parte. O que muda, está no funcionamento da metade dos genes que são as proteínas.

E elas funcionam de acordo com os sinais que captamos e aceitamos como programa a ser alimentado dentro de nós. Recebemos os sinais através das "anteninhas" (receptores que estão nas membranas celulares) e decidimos se os queremos aceitar ou não.

Somos dirigidos por nossas percepções, os genes são apenas amostras, você poderá criar novos códigos, novos circuitos que funcionarão de acordo com a sua percepção e com aquilo que você deseja ativar.

Os sinais são lidos e colocados em prática pela nossa percepção.

A forma como você vê a sua vida, é que irá selecionar os seus genes. Se você a vê como estressante, vai preparar seus genes para que funcionem dessa forma; mas você pode mudar essa percepção e prover um combustível diferente para as células. Esse combustível gerará outro programa.

De certa forma, nossa percepção pode reescrever os nossos genes.

Cerca de 95% da população tem bons genes, então, por que reescrevê-los? Porque somos também resultado de nosso ambiente, lembra? Se me encontro em um ambiente estressante, posso escolher não aceitar que o estresse forme novos circuitos em mim, olhar o ambiente e a situação de estresse sem me envolver neles. Ou posso estar estressado e ir para uma casa no campo ou na praia e reescrevê-los, criando novos circuitos que me tirarão do estresse.

Outro dado interessante é que 95% dos cânceres não são hereditários mas derivados das respostas individuais que cada um tem de seu ambiente. Quando reescrevemos esses circuitos, diminuímos a possibilidade de deixar formar novas doenças em nosso corpo. Aprendendo a reescrever a nossa genética, podemos nos curar a partir do pensamento. Essa é uma afirmação de autoconhecimento, é o que a nova ciência e a física quântica têm comprovado após anos de pesquisas.

Enfatizo, portanto: a percepção controla a biologia[12].

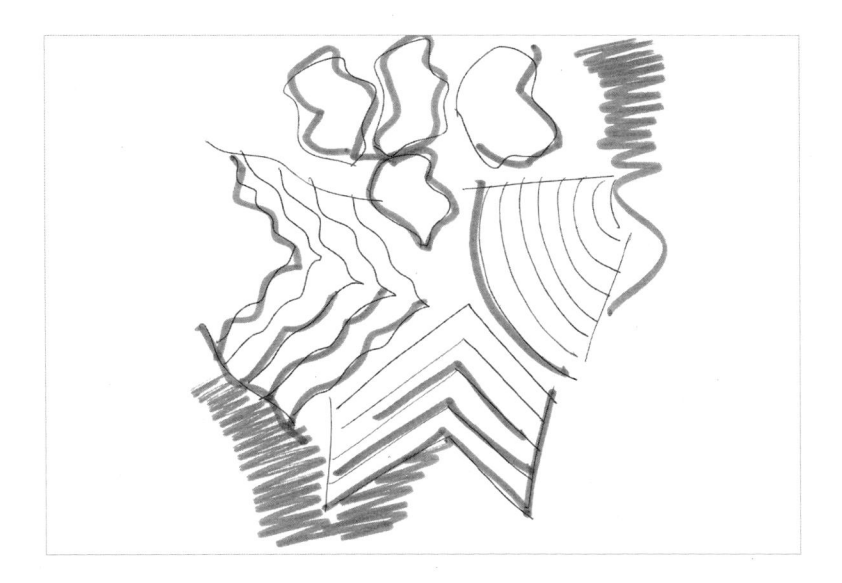

---

[12] De forma alguma estou incentivando deixar de lado a medicina tradicional. Tudo o que estou passando deve ser somado como informação e aplicado em paralelo às curas tradicionais.

- *Os sinais são emitidos e captados em forma de ondas e moléculas.*
- *Os sinais se transformam em pensamentos que por sua vez nos fazem perceber no físico alguma emoção.*
- *A emoção gera novas proteínas e novos circuitos são formados.*
- *Existem proteínas com a química específica para cada emoção e a produção delas cria os circuitos de funcionamento automático (respostas de nosso inconsciente).*
- *Com a consciência de nosso momento presente e sabendo regular a captação dos sinais, podemos regular os movimentos (a nossa realidade)*
- *Os traumas, as drogas e o pensamento regulam a captação dos sinais.*

Capítulo X
— DE ONDE VEM A PERCEPÇÃO? —

Chegaremos à compreensão global quando descobrirmos de onde vem a percepção.

Que tal falarmos de nossos **instintos**? Essa é a primeira das formas que encontramos para responder aos sinais.

Nascemos com eles, não precisamos buscá-los em lugar algum.

A amamentação é a mais clara demonstração de instinto de sobrevivência. Quando a criança nasce ninguém precisa ensiná-la a se alimentar.

É a necessidade sendo suprida por algum tipo de tensão (percepção) que sentimos em nosso corpo.

Podemos criar novos instintos com a repetição de pensamentos e ações.

A natureza nos dá tudo o que precisamos sem recorrer à religião, cultura, raça, sexo ou história.

Nadar poderia ser considerado um outro instinto. Mas, se é instinto, porque nem todo mundo sabe nadar?

Você pode reescrever os seus instintos ou perdê-los, tudo depende dos sinais externos.

Quando minhas filhas eram pequenas e chegavam perto de uma piscina, de um rio ou lago, eu ficava desesperada. O coração disparava se não as segurasse pela mão.

Gritava de longe dizendo que era perigoso.

A grande maioria das mães diz que se as crianças caírem na água, poderão morrer.

Fazemos tudo para manter as crianças afastadas da água. Depois, quando elas ficam mais crescidas, o que era um perigo mortal passa a ser um grande desafio. A criança vive situações em que precisa enfrentar os medos criados por aquilo que vivenciou no passado, por exemplo como entrar na água sem achar que vai morrer.

Assim que nasce, o bebê é capaz de sair nadando sozinho em busca de seu primeiro alento. Se continuasse freqüentando piscinas, cresceria nadando como um golfinho.

Mas assim como podemos perder a capacidade de nadar, perdemos também a capacidade de curar.

Dentro de nós existe a melhor farmácia, o melhor médico e os melhores medicamentos.

Acontece que não nos ensinaram essa lição.

O que nos ensinaram foi que alguém tem o poder de nos curar e esse alguém pode ser um médico, um psicólogo, um terapeuta...

Quando somos crianças, cada vez que adoecemos escutamos que precisamos ir ao médico.

Por esse motivo, quando crescemos, muitas vezes, o simples fato de marcar consulta ou o trajeto para o consultório já nos faz sentir melhor.

Isso acontece porque ao sabermos que estamos indo ao médico, já acionamos o nosso mecanismo de auto-cura.

Lembre de algum momento que você tenha presenciado uma mãe colocar a mão sobre o machucado do filho e aos poucos, a criança ir se acalmando.

O que acontece na realidade é uma espécie de transfusão de energias em que a mãe, com sua intenção de cura, concentra toda a vibração gerada pelo amor que sente pelo filho no ponto dolorido, trazendo para aquela região a freqüência do bem-estar.

É um processo inconsciente mas muito natural. Temos, no entanto, esse poder em nós e ao descobri-lo e praticá-lo, começamos a nos surpreender com as curas que podemos obter sem o uso de medicamentos.

Antigamentes as pessoas curavam-se sozinhas.

Os índios tinham sua sabedoria de cura. Muitas civilizações se curavam com suas "magias". Havia também doenças que só eram curadas com as novas descobertas. Novas vacinas estavam sendo fabricadas e iniciava-se o crescimento das experiências em busca de soluções para cada novo problema de saúde que surgia.

Hoje, as doenças continuam surgindo e nós continuamos em busca de medicamentos fora de nosso corpo.

Precisamos começar a utilizar o potencial de cura que existe dentro de nós.

Devemos acionar esse mecanismo, resgatá-lo juntamente com a medicina tradicional para que, aos poucos, os médicos constatem a cura e nos libertem de medicamentos com químicas artificiais.

Lembre-se de que 95% das doenças são respostas ao nosso ambiente.

Uma vez que a doença tenha se instalado, o melhor caminho a seguir é o da sua crença, do seu pensamento, da sua Fé que a cura se dará.

A sugestão é compreender as novas descobertas e praticá-las, para ajudá-lo a levar uma vida melhor.

A medicina tradicional deve continuar a ser útil em sua vida.

O corpo doente precisa das drogas que está habituado a receber para se curar. Mas as drogas (químicas) do nosso pensamento curam com toda certeza.

Elas previnem, e são ainda mais poderosas do que os remédios de laboratório. Se existir uma doença séria, use a mente paralelamente e verá que seu médico irá orientá-lo a suspender os medicamentos à medida que você for melhorando.

É preciso exercitar a mente de forma que ela defenda seu corpo e o cure por intermédio de seu subconsciente, que o defenderá utilizando-se de programas de *backup* que são criados cada vez que um novo circuito consciente é gerado no cérebro.

Com a prática, seu subconsciente defenderá sua alma, seus sentimentos e seu corpo.

Chegamos assim ao segundo item, que responde aos sinais e comanda nossa percepção: a **mente subconsciente**.

Ela é um repositório de todos os nossos aprendizados. Por exemplo: andar de bicicleta.

Quando você aprende a andar de bicicleta, armazena na mente subconsciente as informações exercitadas de tal forma que o movimento se torna automático.

Quando aprendemos algo e repetimos, ele passa a ser acionado automaticamente cada vez que entra em sintonia com uma situação que vibra aquela freqüência. Quando a situação requer esse tipo de resposta, ela vem do subconsciente porque é ele que armazena tudo o que você recebe como informação e confirma com a repetição.

Para andar de bicicleta, você move uma enorme quantidade de músculos. Precisa saber se equilibrar, distribuir o peso, ter coordenação motora mas, depois que você aprende já não precisa mais se preocupar. O mesmo acontece com quem aprende a dirigir, a jogar tênis, a tocar um instrumento...

Quando você está no processo de aprendizado usa a sua mente consciente.

Vamos tentar lembrar o primeiro dia que dirigimos um carro. Entramos e analisamos todo ele.

— Nossa! Três espelhos para olhar, uma marcha, meu Deus...!!! Três pedais... E eu só tenho dois pés...?!!!

Passado algum tempo, você entra no carro e nem sequer lembra que existem aqueles três pedais. O aprendizado já passou para o seu subconsciente. Então, quando você está envolvido numa discussão usando seu consciente, quem está dirigindo o carro?

O seu subconsciente! Ele é milhões de vezes, mais poderoso que o seu consciente por estar sempre pronto.

Se tentarmos nos lembrar tudo o que o subconsciente fez enquanto estávamos discutindo, com certeza não vamos conseguir.

O subconsciente opera quando o consciente está ocupado. E você não consegue observar o programa que está rodando em seu subconsciente porque está muito ocupado criando os novos circuitos que substituirão a sua ação consciente cada vez que se distrair do momento presente.

Em qualquer área de sua vida, se seu consciente está ocupado, seu subconsciente assume a liderança e roda o programa que você adquiriu como aprendizado. Ao mesmo tempo, ele estará criando novos programas a partir dos estímulos que recebe, seja de seu consciente ou dele próprio, que está sempre alerta.

Se você não ficar atento, serão as marcas de seu passado que falarão por você e responderão aos sinais que são enviados para o seu cérebro.

Seu futuro é feito do presente, portanto, essas marcas vão sendo recriadas, e um dia, serão as marcas do passado que hoje estão atuando em sua vida.

Recrie suas marcas por meio da **consciência**, que é o terceiro ponto onde eu queria chegar.

Ela é importante para a nossa percepção porque podemos mudar o programa que está sendo rodado.

Quando sabemos como funciona uma máquina, podemos manipulá-la de acordo com a nossa vontade.

Nosso subconsciente processa 40 milhões de bits de informações por segundo e nossa consciência processa somente 40[13].

Ao processar as informações, o cérebro vai formando circuitos. Ele decodifica um sinal independentemente de estarmos atentos ou conscientes. Isto é, um sentimento é percebido por nosso corpo; se não o desejamos, precisamos conscientemente modificar a vibração indesejada por meio da aceitação ou da

---

[13] Informação tirada do filme *Quem Somos Nós?*

criação de um novo pensamento que vibre na freqüência do sentimento que estamos buscando.

Deixando o pensamento se armazenar no cérebro sem prestar atenção ao tipo de sentimento ele está gerando, o circuito desse pensamento/sentimento se formará do mesmo jeito. As informações continuarão a criar os programas.

Precisamos estar mais alerta e lembrar que sempre que estivermos desatentos tomará lugar um programa armazenado por nossas experiências de vida, pela educação que tivemos de nossos pais, da escola (independente de nossa vontade e consciência), que responderá àquela situação.

O cérebro é o repositório de tudo o que experimentamos e é dele que são geradas as fábricas de proteínas.

O consciente, apesar de processar somente 40 bits por segundo, é que dá o comando para que um programa rode no subconsciente.

Quando não existe essa consciência, ele roda no automático.

Quando você está pensando no passado e/ou no futuro, quem estará processando o presente é o subconsciente. Ele está sempre atuando no automático rodando o programa que estiver mais próximo daquela situação. E como resposta sempre aflora o que foi armazenado principalmente no período de sua vida até aos 6 anos de idade.

Por isso, muitos de nossos problemas têm origem em acontecimentos que vivenciamos na infância. Muitas de nossas atitudes, medos, culpas, têm suas causas nesse período de vida.

O que é armazenado desde a infância até hoje está fora do nosso comando.

O problema é que de 90 a 99% de nossas ações são movidas pelo inconsciente, ou subconsciente. E isso acontece porque estamos quase sempre com o consciente ligado no passado e/ou no futuro, esquecendo que a "realidade" está no momento presente.

O subconsciente é como uma gravação, roda automaticamente se não ouvir a voz principal de comando.

Se quando você era criança aprendeu que era perigoso cair numa piscina e depois de crescer não tentou refazer essa informação, vai deixar rodar esse programa que seu inconsciente aceitou, registrou e está lá para ser rodado toda vez que a situação acionar o botão de ação.

Se você, ouviu e aprendeu que não merece ser feliz, estará rodando esse programa e criando situações não merecedoras.

Então, vamos criar pensamentos positivos...!!!

Mas eu crio, sonho, sonho e nada muda.

Como isso funciona? Como posso mudar meus programas dentro do cérebro?

Primeiro, precisamos ter consciência do que isso significa.

A mudança não ocorrerá se o subconsciente continuar rodando aquele programa que diz que você não merece; que você não é capaz ou que seu físico não suporta.

O subconsciente é milhões de vezes mais poderoso. Ele trabalha na proporção de 90 até 99% do tempo no lugar do seu consciente. Você precisa aprender a exercitar seu consciente para criar os novos programas que continuará rodando no inconsciente.

Vale saber que, apesar de todo esse poder, um **pensamento positivo consciente é mais forte do que um pensamento negativo inconsciente.**

Acione programas que abram caminho para o FLUXO DE VIDA que você deseja criar para si mesmo.

Por que as informações absorvidas na infância são tão poderosas? Porque as crianças aceitam tudo sem julgamento.

Mas agora, sabemos que podemos escolher o que pensar e que, se ficarmos atentos às nossas emoções, poderemos escolher que caminho trilhar. E assim, podemos mudar nosso programa de vida.

Mas existem meios para mudar. De nada adianta rezar, pedir a todos os Deuses, pensar positivo, afirmar... se por traz de tudo isso os antigos programas continuarem rodando.

Senhor, dai-me dinheiro para que eu possa alimentar meus filhos! (E, por trás desse pedido, está uma voz que diz: *Você não merece, você não estudou e agora fica aí pedindo dinheiro...*)

Provavelmente, você cresceu ouvindo seu pai dizer que se não estudasse, não seria ninguém e não conseguiria ganhar dinheiro. E, enquanto ele dizia isso, não lhe proporcionou as condições para que você estudasse. Dificultou ao máximo os seus estudos, colocando-o para trabalhar desde pequeno.

Mas agora você cresceu e pode começar a estudar, pode fazer uma atividade que lhe dê prazer e que não precise necessariamente de estudo. É só entender que o presente só depende de você e por meio dele terá plenas condições de mudar o futuro.

Mas, se em vez de sair em busca da solução de seu problema você ficar lamentando o que não teve, jogando a culpa no seu pai, vai ser difícil encontrar aquele fluxo de energia que lhe fará entrar em ressonância com seu desejo de felicidade. Seu pai, com certeza, não fez isso por maldade, ele também estava respondendo à vida, em vez de criá-la.

Acredito firmemente que ninguém faz o mal por querer. Quando o mal aparece, é porque estamos deixando rodar esse nosso inconsciente carregado de heranças energéticas que vibram naquela freqüência específica.

Estamos deixando acionar a carga genética que carrega as heranças dos sofrimentos, dos castigos sofridos. São ações geradas a partir dos sinais que recebemos em nosso DNA e de nosso ambiente.

Mas hoje, sabemos que podemos deixar esses sinais, essas marcas desligadas, desativados, se criarmos outros sinais que se sobreponham aos antigos.

Não eliminamos as marcas de nossas experiências, mas conseguimos substituí-las, transmutá-las e criar uma nova realidade em nossa vida.

Você pode mudar seus pensamentos, aprender a criar novos circuitos, e isso fará com que ganhe dinheiro mesmo não tendo adquirido a tradicional cultura que sua comunidade "exige".

Dentro de você está tudo aquilo que precisa para chegar à realização de seus sonhos.

Quando você muda o foco de seu pensamento, cria uma nova química. Essa química, por sua vez, está em novos circuitos que o farão perceber em seu corpo novas sensações. Essa sensação o fará criar outros circuitos que irão criar um programa de segurança para defender os novos circuitos recém-criados.

Mas se você mantém seu pensamento em momentos tristes, depressivos, estará alimentando novos circuitos e novos defensores para essa situação. O mesmo acontecerá se criar pensamentos de harmonia familiar, riqueza, qualquer pensamento estará criando essas novas redes de neurônios que são capturados imediatamente pelo cérebro, que não questiona, colocando-os em funcionamento na primeira ocasião em que desligar o seu consciente.

Entenda este processo de mudança e as promessas, as afirmações e seus desejos começarão a criar novos programas para rodar em seu subconsciente.

Ao perceber e absorver todas estas informações, você estará conscientemente desligando as redes de neurônios que entravam em ação baseadas em seus aprendizados passados e nas crenças que bloqueavam sua mente.

Ela iniciará um novo processo de criação tornando-se livre para testar novos paradigmas.

Podemos dizer que a Fé na prática muda radicalmente o que você está vivendo se assim o desejar. Para aqueles que têm FÉ, nenhum ensinamento é necessário porque já dispõem de todas as ferramentas no seu interior.

Quando nascemos, não trouxemos conosco um manual de instrução, precisamos descobrir os vários caminhos para chegar ao nosso destino.

Vivemos em busca do bem-estar e, para nos sentirmos bem, com saúde, dentro da realidade que desejamos, precisamos compreender como permanecer nesse fluxo sem resistência.

- *A percepção é comandada pelos instintos, pela mente subconsciente e pela consciência.*
- *Podemos perder e criar nossos instintos.*
- *O subconsciente é mais poderoso que o consciente, mas um pensamento positivo consciente é mais forte do que um negativo inconsciente.*
- *Este é o momento certo para criar novos circuitos.*
- *Para cada novo circuito criado, o cérebro cria uma espécie de backup defensor daquela química gerada.*
- *Toda vez que o consciente se distrair, esse backup surgirá para reforçar a resposta através daquele circuito existente.*
- *Somente pela repetição do pensamento/sentimento para a criação de um novo circuito se consegue desabilitar os antigos circuitos.*

Capítulo XI
~ Iniciando o exercício ~ da mudança

Na calmaria da natureza...
Na linda luz do Luar...
Na imensa sensação do Mar...
Eu me vejo a sonhar.
Penso em mim ontem...
E me sinto agora...
Tão diferente!
Angústias e novas forças propulsoras me envolvem...
Será que como as ondas do mar,
Saberei ir e voltar em minhas investidas emocionais?
Saberei administrar minhas contradições
Assim como o mar acolhe a calmaria e
Os momentos de desafiadoras ondas?
Sim, na fúria da Natureza...
Na força da luz do Sol...
Na potência das ondas do Mar...
Eu saberei Navegar [14].

---

[14] Poesia escrita em parceria com Ana Lúcia.

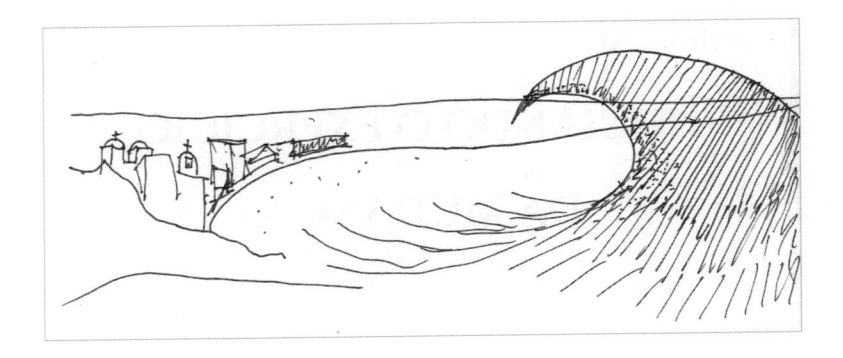

Nosso cérebro está preparado para a aceitar qualquer sinal que esteja à disposição. Ele responde aos sinais entrando em sintonia com experiências passadas e resgatadas de seu inconsciente. As vibrações do momento presente buscaram ressonância no passado. Se você ficar atento ao seu presente, poderá iniciar a mudança dessa vibração.

Se o resgate for de bons acontecimentos, teremos boas respostas. Se os acontecimentos nos deixaram traumas, dores, raiva etc., atrairemos sinais que fabricarão proteínas com essas mesmas características.

Cada um de nós tem suas próprias convicções em relação a crenças, cultura, religião... Vemos realidades diferentes para uma mesma situação.

Vibramos em diferentes freqüências e em fluxos diferentes.

É importante você estar atento ao seu estado físico e psicológico.

É importante olhar para dentro e reconhecer sua dor, sua raiva, seu medo.

Sentimentos de baixa vibração ajudam você a entender se está ou não no FLUXO da vida que deseja.

Uma vez reconhecida a emoção, você terá condições de escolher conscientemente se deseja sair ou permanecer nessa freqüência.

Você já está recebendo algumas informações sobre como tudo isso funciona e, neste ponto, ao sentir que está fora de seu fluxo, terá que se perguntar se realmente está apto a mudar.

Mais ainda, se está pronto para enfrentar as conseqüências das mudanças que serão ocasionadas pela sua decisão de sair de determinada situação.

Às vezes, para sair de uma situação de raiva, você precisa deixar o orgulho, que é outro sentimento de baixa vibração, de lado. Você terá que se perguntar se vale a pena manter este posicionamento e se isso vai lhe trazer algum benefício.

Para sair de um sentimento ruim, por vezes precisamos nos apoiar em outro também ruim, mas vamos tentando elevar a freqüência desses maus sentimentos passando da raiva para a desilusão, da desilusão para a tristeza, da tristeza para a compreensão, da compreensão para o perdão, do perdão para a compaixão, da compaixão para o amor.

O importante é que o foco seja sempre você, com a atenção em seu pensamento/sentimento.

O foco é tentar melhorar uma situação, com a intenção de estar no fluxo da vida que deseja.

Nossa tendência é sempre responsabilizar o outro, esperar que alguém faça alguma coisa.

Vou citar o exemplo de uma criança que reclamava muito de uma certa professora. Era uma menina com 10 anos de idade.

Ela não suportava essa professora, e o mesmo acontecia com a maioria dos alunos.

Perguntei se poderíamos fazer um trato. Mas ela deveria manter o acordo por pelo menos um mês. Ela aceitou e começamos um diálogo:

— Como é essa professora? Ela tem alguma coisa que você goste?
— Não, ela não tem nada de que eu goste.
— Ela é bonita, disse algo que tenha lhe agradado?
— Não, já falei que não tem nada de que eu goste e ela não é legal e não disse nada nem pra mim nem pra ninguém.
— E o sorriso dela, é simpático?
— Não, já disse que não!
— Com quem ou com o que ela se parece?
— Ah... ela parece um boneco de pano!

Peguei a deixa e perguntei:

— Você gosta de brincar de boneca de pano?
— Gosto!
— Então o nosso trato vai começar aqui. Procure lembrar que sensação você tem quando brinca com uma bonequinha de pano. Tente sentir como se estivesse brincando agora. Está sentindo? Está feliz como se estivesse brincando?
— Sim.
— De hoje em diante, toda vez que encontrar ou estiver em sala de aula com essa professora, você vai fechar os olhos por uns segundos e lembrar da sensação que tem quando brinca de boneca de pano. Depois vai jogar essa sensação para a sua professora, como se ela fosse a sua boneca e vai sentir a mesma alegria que sente brincando, sendo desviada para ela. Vai fazer isso todos os dias, durante pelo menos duas semanas, mas o nosso trato é de um mês, ok?
— "Tá", mas não sei se vai adiantar.
— Vai sim! Faça o que estamos combinando sem se preocupar com o tempo.

Passados dois ou três dias, perguntei-lhe se estava cumprindo o que combinamos e ela respondeu que sim, mas que não estava adiantando nada.

Iniciando o exercício da mudança

Encontrei com ela 15 dias depois e, sem eu nada perguntar, ela veio toda feliz na minha direção, contando que a professora mais legal da escola era a Mariazinha, justamente a professora de quem ela menos gostava (já havia esquecido o nosso trato).

O que aconteceu aqui?

A partir do momento em que ela desviou a atenção da opinião da maioria do grupo, de que a professora não era legal, e iniciou em seu pensamento o processo de uma nova realidade, mesmo sendo falsa, criou novos circuitos de neurônios com nova química e nova freqüência, que entraram em sintonia com a freqüência simpática daquela professora. Estabelecida a sintonia, ela poderia até esquecer algumas vezes de cumprir o combinado, mas jamais deveria alimentar o pensamento de que ela não era legal.

Todos nós temos o lado luz, o lado simpatia, o lado amor. A questão é nos sintonizarmos com esse lado; com essa freqüência.

O cérebro não sabe distinguir a mentira da verdade. Ele aceita o que você enfatiza em seu pensamento e quando você une ao pensamento uma sensação emocional, como neste caso o prazer de brincar, você realmente cria uma nova realidade para aquela situação.

A questão que se coloca é se quero ou não quero mudar essa minha percepção.

Seria mais fácil partilhar a opinião do grupo, questionar, criticar e não gostar da professora. Quando a menina aceitou o trato, teve a oportunidade de mudar essa realidade.

Ela não esperava que desse certo. Mas deu sem que ela percebesse, bastou não mais pensar que ela era antipática e se ligar em algo que elevasse essa freqüência do pensamento.

Na realidade, com ela eu sugeri algo que tivesse alguma relação com o assunto. E é bom assim porque fica mais fácil. Mas qualquer que fosse a emoção, a sensação física agradável que ela trouxesse à mente e deixasse perceber no corpo, cada vez que entrasse em contato com essa professora, traria resultado.

A vibração só precisa ser de um sentimento agradável. Fica mais simples encontrar um exemplo que se encaixe na situação que estamos passando, mas se ele não existe, podemos buscar qualquer situação que vibre na mesma freqüência de um sentimento similar. Manter-se nesse estado o máximo de tempo possível reforça o circuito do cérebro que criará mais e mais circuitos ajudando na fabricação de novas células que nos levarão ao fluxo de vida desejado.

Você responde constantemente a estímulos externos. Seu ambiente dita a sua realidade. Fique muito atento a tudo o que lhe acontece.

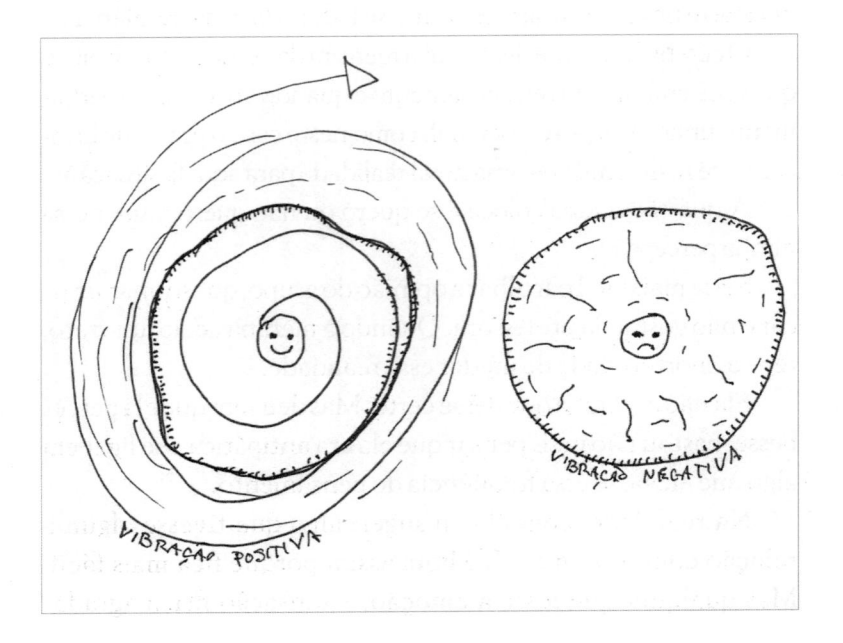

VIBRAÇÃO POSITIVA

VIBRAÇÃO NEGATIVA

A raiva, por exemplo, faz muito mal a você. É isso que deseja para a sua vida?

Analise a raiva e perceba qual a vantagem que você tira em alimentá-la.

Quando você recebe uma informação, uma mensagem é enviada ao seu cérebro e sua mente é acionada, fazendo com que você responda ao que presenciou; se responder com o inconsciente, estará aceitando o ambiente como condutor de sua vida.

Foque seu olhar de forma diferente e exercite os olhos desse observador que está dentro de você para não aceitar tudo o que os olhos vêem ou que os cinco sentidos informam como realidade.

Deixe de lado as experiências do passado. O que passou, passou!

Não é porque tivemos uma desilusão amorosa que todos os amores são falsos, muito embora, naquela ocasião, tenham sido gerados circuitos com a freqüência que você registrou no exato momento da desilusão ou da raiva.

Para neutralizar esse programa, você precisará criar os novos circuitos com consciência e muitas vezes com compaixão.

Nós costumamos guardar na memória imagens, aromas e percepções físicas que resgatam memórias passadas e quando entramos em contato com a vibração dessas energias, se não estivermos atentos, deixamos essa freqüência se fortalecer.

Estar no momento presente é um exercício interessante. No início, fazemos muito esforço e parece bastante complicado mas, depois, essa resposta se torna automática e, quando presenciamos uma situação de estresse, conseguimos não nos deixar envolver, muitas vezes, conseguimos inclusive contagiar o ambiente com nossa energia fazendo com que os outros entrem em sintonia com a nossa vibração.

Vale lembrar que somos constituídos de células que morrem e renascem a cada segundo e que cada uma delas é independente e tem dentro de si um observador totalmente independente.

É gratificante ter hoje através da física quântica, da neurofisiologia, da biologia, da neuroquímica, da fisiologia, um novo modelo que nos permite um olhar mais otimista para o mundo em que vivendo. Essa nova informação nos permite compreender melhor cada situação e responder de forma consciente aos estímulos externos, criando a mudança que desejamos em nossa vida.

Os pensamentos afetam as células de forma poderosa criando a nossa verdade que é responsável por nossas atitudes e pelas escolhas que fazemos na vida; podemos até morrer dependendo da condição de nossos pensamentos. Qualquer pessoa pode iniciar o processo consciente de mudança de sua realidade. Todos nós temos o poder de entrar no fluxo da vida que sonhamos.

Abra-se para o simples. O processo é muito fácil e por isso mais difícil de ser aceito como verdadeiro. Você precisa exercitar para obter as respostas.

Só saindo da lógica nos é possível compreender tudo isso. É exercitando a criatividade, o lado criança, instigador, curioso e destemido que conseguiremos compreender nosso atual processo de evolução.

Ficar preso a conceitos e aprendizados de uma ciência ultrapassada e não somar as atuais descobertas, não conseguirá perceber a validade dessas informações.

Não existe meio de compreender os resultados dessa prática se não praticarmos e percerbemos os efeitos em nós mesmos.

Já dizia René Descartes (filósofo, físico e matemático francês): "A cultura é inimiga da razão."

Ele concluiu que existem duas formas de chegar a um entendimento: através das leis da natureza que governam o universo (que são leis repetitivas e possíveis de serem comprovadas), a que chamou CIÊNCIA; e por meio de como nós funcionamos (nossa mente) — que ele chamou de religião.

Deixou para a Igreja tudo o que se referia à mente. Assim, ficou mais livre para estudar sem a interferência da religião. Ele instituiu a dúvida. Para ele, toda idéia era passível de dúvida.

Destacou a ciência da religião e das culturas, abriu um novo caminho para os cientistas deixando a convicção de que cabia ao homem a tarefa de perceber o seu mundo.

"Penso, logo existo!"

Insisto para que pensemos, para deixarmos de lado a religião e sentirmos que a força maior, o Deus todo-poderoso, está dentro de cada um de nós.

Mude o foco de sua atenção. Seja por algum tempo dono absoluto de seus pensamentos e decisões. Experimente!

- *Mude o foco de sua atenção quando entender que aquele sinal não está lhe fazendo bem.*
- *Crie um novo sentimento, uma nova percepção para uma situação e uma nova freqüência será criada procurando ressonância em freqüência similar.*
- *Inicie sua criação com uma invenção que lhe cause prazer.*
- *Nossas respostas são acionadas pelas memórias armazenadas no inconsciente.*
- *Os pensamentos afetam as nossas células.*
- *Saia da lógica para compreender o processo de alternância.*
- *Seja dono de seus pensamentos.*

Capítulo XII
— Quando a resistência — persiste

Por que não conseguimos sair de estados como vícios, manias, doenças e persistência de humores indesejados (raiva, temor, ciúmes etc.)?

Porque aprendemos que não temos o poder de mudar nossa realidade.

Hoje o ensinamento pode ser recebido de forma diferente. Como exemplifiquei anteriormente com o princípio 10/90, podemos sim fazer alguma coisa para mudar nossa situação. Cabe a você dar o primeiro passo. O segredo da mudança está nas suas mãos.

Mas será que, você deseja realmente sair dessa situação?

Muitas vezes, pensamos:

Eu não quero passar mais por isso!

Você pensa que é fácil? Eu tento, leio a respeito, já sei de tudo isso, mas não consigo. Alguém precisa me ajudar.

Se depender de mim, estou acabada! Não tenho mais força. Não sei onde buscar forças.

Concordo que muitas vezes precisamos de alguém para nos ajudar, mas esse alguém não mudará a sua vida.

Ninguém poderá fazer nada por você se você mesmo não se conscientizar que é o principal responsável por sua mudança.

Se continuar pensando que apenas o médico tem a solução e achar que só os remédios conseguem resolver seus problemas de saúde, está se enganando.

Sua ajuda é essencial. Seu desejo e sua FÉ são indispensáveis para que o milagre da vida se faça presente em você.

Quando surgir um pensamento do tipo — *Não tenho mais força* — você pode decidir se quer ou não quer aceitá-lo. Provavelmente irá aceitar porque seu corpo tem a mesma sensação. No entanto, a ciência comprova que, se você não aceita esse pensamento, começa a desligar todos os circuitos que trabalham para defender essa crença.

Não acredite naquelas vozes que ficam dizendo — *Você não pode!*; *Você está fraco!*; *Jamais sairá dessa situação!* — são fruto dos programas que foram armazenados por você não saber o que fazer deles.

Quando você consegue observar seus pensamentos, passa a ter a possibilidade de mudá-los.

Lembre-se que os pensamentos se materializam. As nossas atitudes são resultado de uma série repetitiva de pensamentos. Esses pensamentos criam circuitos que geram nossos movimentos e criações que podem ser de doença ou de saúde e felicidade.

Mas como podemos então mudar um pensamento, segurá-lo por um certo período de tempo e repeti-lo se já existe um outro predominante?

Como podemos mudar se estamos "presos", a nosso ambiente e à situação que vivemos?

Analisamos constantemente o mundo exterior e reagimos a ele com pensamentos repetitivos, descartando a possibilidade de uma nova criação, uma nova realidade.

O pensamento cria a realidade! Cria os nossos sentimentos! Isso está comprovado por meio de experiências com micro-eletrodos conectados ao cérebro. Essas máquinas detectam quais partes estão sendo usadas, e os circuitos que estão sendo acionados quando o indivíduo pensa ou age.

Ao respondermos constantemente aos estímulos do meio sem acionarmos a consciência do momento presente, reforçamos o processo da criação de rotinas e a abertura do caminho para a criação de todos os nossos vícios. Delegamos nossa força ao meio em que vivemos, às experiências e a terceiros.

Tornamo-nos pessoas estressadas porque aceitamos que o meio desenvolva os circuitos que estão sendo gerados em nós.

O estresse cria bloqueios energéticos e, dependendo de nossa herança energética, do tipo de estresse e das experiências que vivemos, uma ou outra doença surge em nosso corpo.

Aceitamos a doença e a alimentamos criando pensamentos do tipo: *Não quero essa doença em mim. Por que justo eu fui pegar isso? Faço tantos exercícios, não fumo, não bebo! Sou gentil e ajudo meu próximo. Porque isso foi acontecer justo comigo?*

Tudo o que você é ajuda a recriar circuitos da mesma freqüência. Você precisará mudar essa energia para sair desse ciclo. Para isso, deve exercitar sua atenção.

Tudo na vida é feito pelo exercício da repetição. Ao insistir numa atividade, num processo mecânico, num pensamento insistente, você passa a se aprimorar naquilo em que está se focando como objetivo. Precisa exercitar mesmo sem saber exatamente como isso acontece para que esses novos circuitos sejam formados.

Por exemplo, você deseja rever um amigo e ele lhe dá o endereço de sua casa. Mas você não sabe quem encontrará no percurso, ou o que verá até chegar lá. Será que é por isso que você desiste de ir?

Você tem o ponto de partida, o destino e as ferramentas para chegar até lá. Tem o destino, que é a casa do amigo (o que deseja como realidade); tem um percurso a seguir (o exercício da repetição do pensamento/desejo adicionado a uma percepção física/emoção); e as ferramentas (o cérebro e a mente).

Resta acreditar e exercitar para ver o resultado.

O mesmo acontece com a criação de nossa realidade.

Antes de tomar uma atitude é preciso estar atento ao seu pensamento, que é o ponto mais poderoso da criação. As atitudes repetitivas respondem de forma prazerosa à vida porque são geradas pelas sensações que criaram esse "vício". Portanto, mudar o pensamento interfere nas atitudes e modifica a sua sintonia, o que poderá deixá-lo no fluxo da sua real felicidade.

O que você deve então fazer para sair desse ciclo de doença, de vício, de vida infeliz?

Acreditar, ter FÉ, realmente faz milagres. Você precisa exercitar o cérebro para que os milagres se tornem cada vez mais freqüentes.

"Tenha sempre bons pensamentos, porque seus pensamentos se transformam em suas palavras. Tenha boas palavras, porque suas palavras se transformam em suas ações. Tenha boas ações, porque suas ações se transformam em seus hábitos. Tenha bons hábitos, porque seus hábitos se transformam em seus valores. Tenha bons valores, porque seus valores se transformam no seu próprio destino."

Ghandi

- Seja um observador constante de seus pensamentos.
- Para sair de um vício ou de uma situação indesejada, você precisa desativar os circuitos que foram criados em seu cérebro que mantêm essa frequência. Faça isso focando um novo pensamento.
- Um pensamento "positivo" consciente é mais forte que um negativo inconsciente.
- A repetição de um pensamento cria novos circuitos e renova as células.
- Você é o único responsável por sua realidade de vida.

Capítulo XIII
~ As emoções ~

O que sinto?
Estou feliz?
Estou triste?
Onde estou e o que sou neste corpo que chora...?!
Que ri...?!
Sentimentos...
Emoções me invadem direcionando o caminho.
Mas... para onde vou com tanta alegria em meu peito?
A quem devo doá-la?
Com quem devo compartilhá-la?
Oh! Deus! Que dor! Não! Não pode ser assim!
Há apenas dois minutos eu estava radiante...
Será que posso escolher o que sinto?
Onde encontro forças?
Sou criança... adolescente... adulta!
O que sinto?
Estou feliz?
Estou triste?
Onde estou e o que sou neste corpo que chora...
Que ri?

Neste nosso mundo, tudo é absorção, soma de informações. Não importa se você deseja ou não, você absorve. Mas temos uma ferramenta que nos permite distinguir o que é bom e o que não é bom para nosso organismo. Essa ferramenta se chama EMOÇÕES.

Quando você sente algo que não lhe faz bem, tire o foco do pensamento que o leva a esse sentimento e o direcione para outro que o conduza ao seu equilíbrio emocional.

Mesmo achando difícil, faça um esforço e mude o foco do seu pensamento. Aos poucos, essa mudança forçada se tornará mais leve porque quando você focar um novo pensamento, ele será reforçado, criando grupos de neurônios que o farão se sentir no fluxo desse pensamento.

Portanto, se mantiver o foco do seu pensamento na sua doença, ela permanecerá. Cuide dela, tome os remédios necessários, mas direcione seu pensamento para outro lado. Faça isso conscientemente.

Se mantiver o foco do pensamento na probabilidade de um acidente, criará circuitos que gerarão a freqüência que o colocará no fluxo de um acidente ou de algo que esteja vibrando nessa mesma freqüência.

Ao direcionar seu foco para uma probabilidade de traição afetiva, estará, da mesma forma, criando circuitos que ativarão esse tipo de freqüência vibracional.

Lembre-se que a energia que você carrega é gerada por aquilo que você pensa, quer o pensamento seja bom ou ruim, positivo ou negativo, triste ou alegre.

Nossa máquina de fabricação de energia não questiona. Ela gera a energia que vem de seus pensamentos voluntários ou involuntários.

Vale lembrar que um pensamento positivo consciente é infinitamente mais forte que um pensamento negativo inconsciente.

Qualquer pensamento consciente é mais forte que aqueles armazenados por sua experiência de vida.

Quando você diz que não pode fazer mais nada; que já passou o tempo; que não tem mais idade para mudar; que são anos e anos de aprendizado dessa forma; que sua cultura não permite; que seus pais lhe ensinaram que assim é que tem que ser; de certa forma, você está certo. Existem inúmeros grupos de neurônios trabalhando para manter tudo aquilo que você pensa e armazena ao longo da vida. Mas é sempre tempo de mudar, e este, é o momento certo. Não importa que você esteja doente; seja uma pessoa de idade ou um adolescente dependente de drogas, este é o exato momento em que você pode fazer alguma coisa para mudar a sua vida, se assim o desejar.

Eu quero, mas não consigo!

Comece tentando mudar o foco do seu pensamento.

Procure ajuda se não consegue fazê-lo sozinho. Pratique com meditação.

Experiências com resultados espetaculares têm sido feitas no mundo científico para provar o poder do pensamento em nosso mundo físico.

Pessoas emagrecem com a meditação; outras deixam seus vícios e até doenças serem curadas com meditações dirigidas.

Meditar nos permite atingir um estado de vibração que nos abre caminhos inesperados.

Experimentos feitos na Universidade de Massachusetts comprovaram que por meio da meditação, um monge conseguiu mudar a temperatura do corpo a ponto de secar uma roupa colocada em suas costas.

Outra pesquisa provou que quem medita por um longo período de tempo consegue aumentar a massa cerebral.

Na Universidade de Cambridge estudam há mais de dez anos os efeitos da meditação em pacientes deprimidos e essas pesquisas mostram que pacientes tratados com meditação dificilmente apresentam recaídas.

Já em Harvard, na sessão de bioquímica, mediram os efeitos da técnica meditativa com exames de sangue. Nesses exames, foram demonstradas diminuições no nível de serotonina no cérebro e um aumento na secreção do hormônio cortisol.

Depois de um período de prática, vítimas de estresse pós-traumático e pacientes deprimidos voltavam a ter o nível desse hormônio normal.

Num futuro não muito distante, exercitar o cérebro será uma atividade obrigatória nas escolas. Será como a educação física que temos hoje.

Atualmente, treinamos para manter o corpo sadio, o mesmo irá ser feito com o cérebro.

Acredite, você é capaz de mudar sua realidade se detectar que não está seguindo o fluxo de vida que deseja.

Outro caminho conhecido além da meditação é o Reiki. Essa terapia pode ajudar de forma delicada. Pela imposição das mãos do reikiano sobre o corpo do indivíduo (ou mesmo à distância), a energia entra numa vibração que sutilmente busca a harmonia com o momento que está sendo vivenciado.

Nas terapias quânticas, o chamado toque quântico, que aciona em você moléculas sadias fazendo com que aquelas saturadas mudem de lugar, também é um caminho.

Uma outra maneira interessante para começar o processo é conversando com um consultor de Feng Shui. Mudando seu ambiente, você muda a energia que vibra nele e a sua vibração também é modificada para entrar em ressonância com o novo ambiente.

Se nossa ação é baseada na percepção dos sinais e se esses sinais vêm do ambiente externo, isto é, fora do nosso corpo, nada mais eficaz que começar por nossa casa. Como ela está nos passando os sinais?

Nancy SantoPietro, terapeuta e consultora de Feng Shui, fez uma experiência com seus pacientes. Separou dois grupos que ela tratava: para um grupo ela continuou dando o tratamento tradicional e, para o outro, tratou em paralelo o ambiente onde esses pacientes moravam e trabalhavam.

Ela constatou que os pacientes tratados somente na clínica apresentavam uma melhora ao voltar ao seu consultório depois de uma semana, mas os problemas que traziam se repetiam e levavam anos para serem eliminados.

Os pacientes para os quais ela tratou o ambiente retornavam ao seu consultório com novos problemas, os antigos eram esquecidos e eliminados e em poucos meses eles tinham alta e não precisavam mais de tratamento.

Inúmeras são as formas de obter ajuda. Identifique-se com uma delas ou mais e tente. Pratique o foco de sua atenção e sinta os resultados.

- Emoções: grandes aliadas para o entendimento do que desejamos como realidade.
- Ao manter o foco da atenção numa doença, você estará alimentando essa freqüência e se mantendo nela.
- Toda freqüência atrai vibração similar.
- A energia que você carrega é gerada pelo que você pensa.
- A meditação ajuda a chegar ao pensamento focado e em conseqüência à alternância da freqüência que se está vibrando.
- PRATIQUE a atenção em seu pensamento.
- PRATIQUE a alternância de seu pensamento para a criação de novos circuitos.
- PRATIQUE a compreensão de suas emoções — são agradáveis ou desagradáveis?
- PRATIQUE o entendimento do que você deseja como realidade de vida.

Capítulo XIV
— A GRATIDÃO —

Um dia, quando despertei para um novo mundo, apaixonei-me por mim mesma e aprendi que podia amar, ser feliz e dividir essa felicidade...

Aprendi que cada um tem seu modo de ser e que eu poderia continuar a ser feliz respeitando o outro e amando-o como ele é.

Aprendi que a gratidão é algo lindo a se valorizar e que isso elevou minha alma de tal forma que me fez sentir o grande prazer de viver.

Descobri ainda, e principalmente, que você fazia parte de mim e que vê-lo(a) feliz era o segredo para meu bem-estar.

Nesse dia, aceitei que a felicidade estava em doar o meu amor, em compartilhar a minha vida, o meu SER e o meu ESTAR.

Aprendi também que nada aprendi, que tudo já estava aqui, bem dentro de mim e que eu só precisei redescobrir.

Mas percebi que tudo o que relembrei somente faria sentido se fosse vivenciado, para cada vez mais me redescobrir.

E aqui estou para SER/ESTAR com você, para compartilhar o meu mundo e, quem sabe, sentir-me mais feliz e grata por saber que ajudei a despertar em você a lembrança desse novo, mas tão familiar mundo em seu poder.

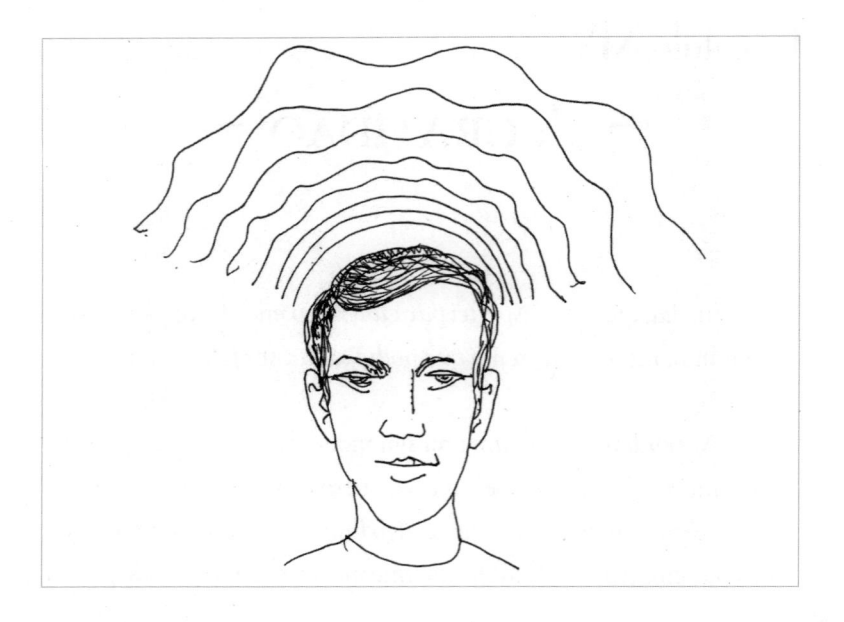

A gratidão vibra uma energia de alta freqüência. Ela nos dá alegria de viver.

Acredite: para entrar no fluxo do bem-estar, você deve começar por descobrir os motivos pelos quais deve se sentir grato.

Para ajudá-lo na sua busca, vou descrever um pouco do que me faz vibrar a energia da gratidão.

A gratidão tem enorme poder e influência em nossa realidade; por meio dessa vibração, entro no fluxo ideal para tornar meus sonhos reais.

Sou grata por viver e por estar exatamente no lugar em que estou neste momento.

Sou grata pela consciência de que sou responsável por todas as coisas que me acontecem. Uma consciência e responsabilidade que me dá uma enorme paz no coração por sentir que a partir deste lugar devo fazer minha parte, dar o melhor de mim.

Minha gratidão inicia com meus pais. Ao agradecer meu pai, que mesmo em outro plano se faz sentir presente, minha alma ele-

A *gratidão*

va sua vibração e cria uma freqüência; isso atrai acontecimentos que vibram nessa mesma sintonia.

Você deve entender o tipo de sentimento, a vibração que toma conta de você quando se sente grato, quando resgata uma lembrança.

Lembro como ele me ensinou a ter coragem e determinação. Lembro de suas ações em vida; das demonstrações de superação; de sua sabedoria em se relacionar com as pessoas em seu trabalho mostrando que independente de qualquer resultado, ele estava criando uma nova possibilidade de ganhar grandes amigos, estava abrindo novos caminhos. Com a lembrança de bons momentos, faço presente a energia da gratidão e crio novos circuitos que elevam minha freqüência vibracional colocando-me num estado que propicia bons acontecimentos e atrai, pela ressonância com freqüências similares, momentos que farão com que eu me sinta grata.

Agradeço a minha mãe pelo amor que nos deu até hoje. Agradeço por sua inocência e vaidade de mulher. Agradeço por sua alegria, suas lindas gargalhadas! Guerreira, em sua fragilidade de criança me ensinou a ser gente.

Busco em minha pré-adolescência a lembrança de jogos no aterro do Flamengo; de brincadeiras de mímica. A alegria dos encontros de domingo; aquela enorme euforia e confusão de família grande reunida... Qualquer recordação de momentos felizes me faz resgatar o sentimento de gratidão.

Hoje, dedico minha gratidão também ao meu padrasto por sua constante atenção e carinho que dedica a mim e a minha família e pelo amor que o faz estar de mãos dadas com minha mãe querida.

Agradeço a cada um de meus irmãos pelas lindas experiências vividas.

Em nossas férias de criança, íamos para a praia e com aquelas bóias feitas de câmara de ar de caminhão, brincávamos com o vento deixando-as rolar na areia até chegarem ao mar. Naquele tempo, eu devia ter meus cinco anos e a bóia ultrapassava minha altura.

Muitas lembranças desse e de outros tempos me colocam no fluxo de vida que desejo.

Obrigada, meus irmãos! Um agradecimento especial a minha irmã que sempre me deu força para que eu me mantivesse neste caminho.

Minhas recordações foram abordadas para servir de inspiração para que você busque em sua vida os momentos válidos a serem lembrados; as pessoas para quem você também poderia dedicar sua gratidão. Uma boa recordação cria uma ótima química, por isso estou dando alguns dos exemplos que uso para voltar ao meu fluxo quando sinto estar saindo dele.

Para entrar e permanecer no fluxo desejado, esteja atento aos seus sentimentos e pensamentos. Quando vier a sua mente um pensamento que o impeça de ser feliz, quando lhe causa dúvida ou o impede de ir em frente, esse pode ser um sinal para que você conscientemente volte ao fluxo desejado.

Quando, ao contrário, você se sente abençoado; quando sente a alegria de viver, esse é o estado no qual deve permanecer ou buscar para sobrepor qualquer limitação involuntária.

Tente essa substituição do pensamento no presente buscando também o sentimento, a sensação física do prazer, de sentir-se agraciado com a lembrança de situações passadas.

Essas sensações, pensamentos, limites que impomos estão presentes porque são herança energética, vêm de nossos pais, avós, bisavós, tataravôs.

As energias passadas não são eliminadas. Elas podem ser transmutadas ou simplesmente deixadas sem utilização. Basta você dar o comando certo.

Com o entendimento de como você funciona, terá a chance de tentar se re-alinhar a essa energia para entrar no fluxo ideal, no fluxo dos seus desejos.

Por isso a gratidão é um bom começo.

Permitam-me então continuar minha lista de gratidões. Inspire-se nela para buscar a sua.

Ao meu companheiro de vida, que em nossa diversidade de pensamentos e de ser, tanto me fez crescer, dedico não somente minha gratidão como meu grande amor. Uma das inúmeras recordações que trago de nosso início foi quando, desprevenida, sem pretensão alguma de me enamorar, esse italiano cruzou o meu olhar.

Depois de alguns dias dividindo com um grupo de estrangeiros uma sala de aula em Londres, cada um seguiu seu caminho.

E depois, eu do Brasil e ele da Itália, com palavras que voavam dias até chegar ao seu destino, fui me apaixonando e, quando me dei conta, já estava casada, morando fora do Brasil, entre a Líbia e a Itália, ao lado daquele que hoje é meu companheiro de vida, pai de duas lindas filhas para quem minha eterna gratidão se manifesta a cada segundo vivido.

Obrigada, meu marido! Obrigada, minhas filhas! Com a infinita paciência de quem olha para o ser querido e vê toda essa energia em constante alternância de freqüências; de quem ouve palavras que estão fora de uma compreensão maior e simplesmente aceitam...

As infinitas crises de riso com minhas filhas e suas amigas me ajudam a relaxar antes de voltar às minhas pesquisas, ao meu trabalho em geral. São momentos divertidos para serem lembrados!

Quando preciso elevar minha freqüência, muitas vezes busco em nossa alegria familiar a carga que faz vibrar a gratidão em meu ser.

Devo lembrar a gratidão a minhas mestras que abriram o caminho para que eu pudesse estar neste novo fluxo e por se tornarem grande presença fraterna em minha vida. Obrigada Silvana, Hanna, Nancy, Ruth, Lori, Rosi e todas aquelas que se fizeram mestras tornando-se de grande importância em minha vida.

Cada uma delas desencadeou uma energia específica que no seu conjunto cria uma linda freqüência e me coloca no fluxo de vida que desejo. Algumas me fizeram sentir um anjo aqui na terra, outras me deram força para acreditar mais na energia que nos conecta, na LUZ que nos faz sentir próximos apesar da distância.

Muitas vezes busco também naqueles que simplesmente passam por mim e me fazem resgatar sentimentos de amor, alegria, solidariedade, compaixão, sentimentos de esperança e de Fé.

Infinitas são as possibilidades, os lugares e pessoas que podemos olhar para resgatar um agradecimento.

A vibração da gratidão está em sintonia com a vibração da felicidade e do bem-estar.

Lembre-se, a GRATIDÃO é um sentimento que cria uma freqüência elevada.

Gostaria de finalizar o capítulo com minha gratidão às amigas que fiz durante a vida.

Agradeço a todas de minha infância, da adolescência e as de hoje.

Se você tem amigos que estão distantes, mas que a simples lembrança daquele tempo o deixa feliz, pense nisso quando precisar de momentos de alta vibração. Procure em suas amizades a vibração bonita que lhe fará estar no fluxo desejado.

Tenho uma amiga que se perdeu no tempo, a Maria de Fátima. Recordo-me de quando eu, ela e o Lauro saíamos para treinar no Fluminense. Uma bela época de vida no Rio de Janeiro. Aquele tempo me traz alegria, me faz sentir o ar do clube, de nossas risadas, de nossa adolescência.

É buscando em sua memória vivências felizes que você encontrará aquilo que o ajudará a entrar em sintonia com o fluxo de vida desejado.

Uma das coisas que mais nos deixa em sintonia é a recordação ou a sensação de que temos um amigo. E, nesse ponto, sou agraciada com as amigas que hoje dividem comigo o espaço da vida.

Maria Eugênia, a amiga que denomino meu anjo terreno, obrigada minha amiga!

Rosi, amiga ou mestra? Mestra ou amiga? Em pouquíssimo tempo de conhecimento, eu já não sabia mais se a chamava de mestra ou amiga, minha eterna gratidão!

Ana Lúcia é uma amiga especial. Nos conhecemos e em muito pouco tempo nos tornamos grandes amigas com inúmeras afinidades e semelhança de pensamentos a ponto de nos fazer sentir almas gêmeas. OM MA NI PAD ME HUM, amiga!

Michele, uma linda amiga que sempre me passa uma energia linda e jovial e que me deu um dos maiores presentes que já recebi: meu pequeno grande mestre!

A ele devo um agradecimento especial. Fabrizio é um lindo menino que aos seis anos solicitou a sua mãe lições de meditação. A mãe imediatamente ligou a vontade dele a minha energia e promovemos vários encontros com ele para discutirmos, introduzirmos e praticarmos meditação.

A gratidão está presente em mim e é dela que inicio o processo de alternância de meu estado físico e mental.

Busque seus motivos para ser e estar se sentido grato nesta vida e preste atenção às mudanças que começarão a acontecer.

Algumas vezes, a melhoria vem por intermédio de uma considerável piora. Mas se o foco for o bem, seu bem surgirá.

Esqueça as possibilidades negativas de uma situação. Jamais foque essas situações, procure sempre o seu oposto.

Imagine um filme rodando em sua mente. Se tiver dificuldade, escreva o que deseja como se já estivesse realizado. Dessa forma, pronto ou não, compreendendo ou não se é a hora, aceitando ou não que uma nova realidade possa existir em sua vida, ela iniciará o processo de mudança.

À medida que você escreve, sua mente registra e quando lê o que escreveu, você estará recriando circuitos que vibrarão dentro do fluxo de vida que deseja. Quanto mais repetir esse processo, mais condições terá de fazer sua mente trabalhar para mantê-lo nesse mesmo fluxo.

Comece com 5 minutos por dia. Dedique esses cinco minutos para buscar tudo pelo qual você se sente grato.

Dica de exercício:

Sente-se num cantinho calmo ou vá passear num parque ou numa praia e traga a sua lembrança tudo aquilo pelo qual se sente grato.

Recorde com sentimento. Relembre os momentos, as pessoas que estão ou que passaram por sua vida. Renove esses sentimentos em seu corpo e deixe-os agitar seu cérebro.

Reveja também seus bens materiais. Sua casa, seus móveis, sua televisão; recorde cada pedacinho de vida e encontre o que o faz sentir grato.

Esse é um bom começo para se colocar no fluxo da vida sonhada.

- Sinta-se grato pelo momento presente e tenha a consciência de que você está no lugar certo e no momento certo para agir.
- A vibração da gratidão eleva a sua freqüência vibracional.
- A gratidão é o princípio da alternância de suas emoções

Outros olhos

Quando frequentava o segundo grau, escrevi uma redação na aula de Português que seria avaliada em um concurso surpresa que o colégio fazia anualmente. Na verdade, escrevi uma poesia. Mas o interessante foi a forma: após escrever dez linhas sobre um tema, do qual não me lembro, risquei tudo e comecei minha poesia. Falava que deveríamos ter seis sentidos: visão, audição, olfato, paladar, tato e o da poesia. Escrevi tão despretensiosamente, que, no final, terminei assim: enfim, fim. Não me lembro do conteúdo mas, modéstia à parte, ficou até muito bom para um adolescente. Fui um dos premiados entre todas as séries com uma medalha de ouro.

Durante muito tempo acreditei piamente que deveríamos viver a vida sob a ótica dos seis sentidos. Assim, sempre prezei a beleza das coisas, a natureza, as crianças, sempre com uma visão otimista de tudo.

O tempo passou e na maturidade dos meus quarenta e poucos anos, quase vinte de casamento e dois filhos adolescentes, creio que as necessidades da vida, os desafios, fizeram-me desprezar um pouco o sentido da poesia. Mortes, crimes, doenças, guerras, agressões à natureza, fanatismo... Acho que os telejornais diários foram bombardeando este sexto sentido e fazendo-o quase desaparecer.

Mas toda vez que, conscientemente, começo a refletir sobre tudo, lembro que, apesar de ter vivido quase toda a minha vida em duas cidades muito grandes, recheadas de perigos (Recife e São Paulo, ambas entre as cinco mais violentas do Brasil), nunca fui assaltado. E sempre tenho comigo esta convicção e certeza de que nunca serei. Otimismo barato? Inocência? Realmente não sei... O otimismo poderia ser um dos componentes do sentido da poesia e, dessa forma, eu não o teria abandonado por completo. Talvez a fé seja outro. Sempre me considerei uma pessoa de fé e sempre tentei encarar as mazelas da vida com muita fé. Quando me dizem que há um problema cuja solução pode gerar mais tarde outro problema, se a situação o permite gosto de citar Jesus: "Homens de pouca fé, para cada dia basta o seu mal." E uso isso como filosofia de vida.

O fato de citar Jesus me remete a uma reflexão sobre religiosidade: sou católico, batizado e semi-praticante, se assim se pode classificar uma pessoa de bem, que segue os preceitos da religião, mas que não vai à missa tão regularmente, por exemplo, como prega a Igreja. Sou, acima de tudo, cristão.

Mas durante a fase de doença de meu pai, em 1992, enveredei por diversos caminhos alternativos em busca de sua cura, principalmente o da doutrina espírita. É uma linda doutrina, que explica muita coisa que fica em aberto no catolicismo. Porém, depois de sua morte, em abril, praticamente abandonei a Igreja por quase dez anos. Quando muito, ia a um batizado ou casamento. E só. Apesar disso, batizei os meus filhos, eles fizeram a primeira comunhão e, por eles, voltei a freqüentar a igreja algumas vezes, porque sei que a religião é um dos alicerces na formação moral do indivíduo, junto com a escola, a família e os amigos de infância e adolescência. E, para esse conceito, acho a Igreja Católica muito boa. E assim o fiz.

Nessa fase de questionamentos interiores com relação à Igreja, passei a criticar a missa (a comunhão, a leitura da palavra, a homilia, são para mim muito enriquecedores, mas cansei de toda aquela ladainha repetida, lida pelo padre e repetida pelos "fiéis", passei a acreditar em reencarnação, mas também passei a questionar os trabalhos de regressão, que para mim apenas trazem memórias genéticas de gerações passadas.

Questionei amizades, amores, paixões, filosofias, crenças... Resumindo, a minha vida passou por esses dez anos, meus filhos cresceram, tive crises no casamento como todo mundo, superamos as crises, cresci profissionalmente, cresci financeiramente, ou seja, acho que, apesar de todas as dúvidas, confusões, questionamentos, bem lá no fundo o sentido da poesia sempre me orientou para o bem, para o positivo, para frente e para cima. Sempre tentei passar isso para meus filhos, minha mulher, minha família e meus amigos.

Quando Kerima me pediu para escrever algo, mesmo sem ter lido seu livro, sabendo mais ou menos que tema ela iria tratar e após ter ouvido falar do Segredo*, tentei fazer uma reflexão geral de como vivi meus dias até hoje e de como os quero viver. Sou uma pessoa de fé, otimista, acho que a terra vai buscar seu equilíbrio como sempre fez na história do planeta. Milhares de anos para ela são equivalentes a um dia, uma hora ou até um segundo para nós. Para mim, haverá ainda catástrofes naturais, epidemias, guerras e genocídios, tudo como conseqüência da intervenção humana no meio. Mas depois, vem a bonança.

Mas que tipo de visão otimista é essa? É porque acredito que se você olhar com atenção, sempre haverá o milagre da vida, uma criança que nasce, um alvorecer e um pôr-do-sol, as estrelas, a lua, um sorriso, um jovem que se apaixona, uma mulher, um homem, alguém... O amor, a maior e mais intensa manifestação do sentido da poesia.

O sentido da poesia ajuda os demais sentidos a perceberem. Talvez esse tenha sido o meu segredo, do qual eu mesmo nunca me tinha dado conta.

Adrian Lima da Hora

---

* "O Segredo". Filme lançado em 2006 com direção de Drew Heriot que se tornou famoso mundialmente e cuja mensagem corrobora que atraímos o que pensamos. (N.E.)

Outro dia, fui fazer um curso de esteticista no Senac e durante o curso teve uma dinâmica. Sou muito acanhada e já fiquei desconfiada.

A professora disse: eu quero que todas vocês, uma por vez, se levante e venha falar para o grupo como pulariam um muro bem alto. Imaginem e comecem a contar.

Uma aluna levantou-se e disse: "Se eu fosse pular esse muro colocaria uma escada bem grande". E, gesticulando como a psicóloga pediu, mostrou como faria. Outra disse que colocaria uma mesa e duas cadeiras e pularia. Outra, que subiria numa mesa, se equilibraria nos ombros da amiga e pularia. Cada uma queria colocar mais cadeiras, mesas, gente etc. Quando faltavam apenas algumas para terminar, todas ficaram caladas, sem saber mais o que dizer, e eu pensei: é melhor eu falar logo, do contrário não vou ter nada para dizer. Fui lá na frente e disse que simplesmente passaria através do muro e fiz um gesto simples, justificando: já que o muro é imaginário! A simplicidade da minha resposta foi motivo para uma revolução. Todas ficaram revoltadas porque a minha passagem para o outro lado tinha sido muito fácil.

Acanhada, não falei mais nada.

Eu estava lendo um livro espiritualista e me veio essa idéia. Só por isso, durante muitos dias fui discriminada. Quase ninguém falava comigo, mas como teve gente que faltou nesse dia e não estava sabendo do ocorrido, me aproximei e fui fazendo amizade até que me entrosei novamente na turma. Mas, mesmo assim, algumas colegas continuaram me olhando meio atravessado. O ser humano é espetacular!

Lucienne Oliveira

Outros olhos

Karim Lima da Hora Sauro

A MINHA SONHADA VIAGEM À ÁFRICA: TANZÂNIA

Era um dia de começo de verão. Para todo mundo, menos para mim era um dia normal, eu pensava. Como sempre, saímos de casa com o tempo justo para chegar ao aeroporto. A rodovia estava lotada e no aeroporto foi um corre-corre, com lágrimas de despedida e nervosismo. Não posso esquecer de mencionar que estava deixando aqui marido, seis filhos e um cachorro que também veio se despedir. De repente, me vi sentada em um avião, começando a viver o sonho de toda uma vida: voava rumo à África, minha querida e desejada África.

Depois de um vôo de 14 horas e uma escala em Nairóbi (Quênia) que durou oito horas, ainda faltava uma hora para chegar a Dar es Salaam (Tanzânia).

Cheguei a Dar num dia quente. A cidade me lembrava Recife, onde tive a sorte de morar por seis anos, era a cidade natal do meu marido e onde nasceram dois de meus filhos.

Tudo me era familiar. Minha sensação era que estava voltando para casa.

Saindo do centro da cidade, as ruas estavam sem asfalto, com feiras cheias de vida e movimento. Tráfego incontrolado e camelôs que vendiam coisas muito estranhas. Cheiro de mar e... mosquitos, milhões de mosquitos com fome de sangue fresco.

No dia seguinte, começamos o passeio por esse lindo país, a Tanzânia. A experiência foi vivida com o coração. Não parei para fazer análises socioeconômicas ou políticas. Eu queria viver aquela oportunidade em plenitude, embriagar-me com sua cultura, absorver seus costumes e tentar viver como os africanos para, compreender melhor a caminhada deste povo.

Nos primeiros dias, tudo passava diante de mim como se fosse um sonho, como se estivesse assistindo a um filme no qual eu era a protagonista. Abria os olhos como uma criancinha surpresa ante o colorido das roupas das mulheres, dos maasais que corriam pelas estradas altivos com suas lanças; com os meninos sorrindo ao passo do Toyota; pessoas e mais pessoas que circulavam livremente e também com as galinhas com os seus pintinhos, cabras e vacas que ficavam paradas.

A experiência que mais me marcou foi a da Tanzânia rural, onde passei a maior parte de minha viagem.

A mulher rural tanzaniana é uma mulher sofrida, calada e marcada por sua cultura. A mulher rural não tem voz. Muitas vezes pensa que se o marido não a maltrata é porque não gosta dela. Tem que fazer filhos para trabalharem na roça, caminhar horas e mais horas com seu filhinho nas costas, pegar água, lenha, tomar conta da família e cuidar dos campos. Ela não faz parte do conselho do povoado, é a última a se alimentar e tem que permitir que o marido tenha outras mulheres. Seu rosto é sofrido, leva as marcas do cansaço e da resignação. Porém, o futuro da África está em suas mãos.

No meio rural não há estradas, somente caminhos nos quais, para percorrer 100 Km, demorávamos quatro ou cinco horas dando pulos com o carro. Mas valia a pena. Quem poderia perder aquelas paisagens, as verdes montanhas dos Highlands; a aridez das savanas e dos montes Livingstone, a exuberância e grandeza dos lagos; as girafas que nos olham com altivez, eu diria até com desprezo; zebras, hipopótamos etc., e centenas de aves diferentes? A Tanzânia é um país pobre mas exuberante na flora e na fauna e, sobretudo, na amabilidade e acolhida de suas gentes.

Das visitas aos povoados recordo a curiosidade do povo observando minha torpeza quando tentava comer com as mãos o ugali, alimento básico nessa zona elaborado à base de milho moído e água, ou o grande desafio que é tentar comer o arroz sem deixar cair um grão. Em conseqüência disso, muitas risadas abertas e saudáveis gargalhadas, não havia outra saída a não ser acompanhar.

Depois da comida vem o baile, os cantos compartilhando o pombe, cerveja artesanal produzida à base de milho e mijo, fermentada com a saliva dos sábios do povoado.

A despedida é sempre triste e cheia de generosidade; o pessoal vinha em procissão com os presentes dando o melhor que eles tinham — mandioca, batata, milho, galinhas, frutas...

E chegou o dia em que eu também tive que dizer adeus. Foi muito difícil ter que acordar e deixar o sonho que havia ansiado por toda a minha vida. Tinha que dizer adeus ao rosto da mulher carregando lenha, ao sorriso dos meninos, a seus bailes e cantos, às suas dificuldades, à alegria de suas celebrações e tantas outras coisas que trouxe comigo para partilhar com os demais.

Essa experiência me marcou muito. Muita coisa mudou dentro de mim, como dizem meus amigos que estão há muitos anos na África: eu peguei a "febre da África". E isso eles dizem que é incurável (entenda-se essa febre como uma grande saudade).

Esta foi minha primeira experiência africana. Voltei várias vezes e sempre com a mesma ilusão. De novo me transformo naquela criancinha que abre os olhos para não perder nada. Como com eles, danço, rezo e celebro a vida do mesmo jeito. O sofrimento e as necessidades adquirem outra dimensão. A vida é o melhor presente, o amor, e eu me sinto querida, talvez por isso eles começaram a chamar-me MAMA ÁFRICA. Consegui ser mais uma no meio deles.

A África ainda ocupa o maior espaço em meu coração.

Lembre-se, África, que só disse para você um KWA HERI YA KUONANA (até logo).
ASANTE SANA TANZANIA.
ASANTE SANA AFRIKA.

OBRIGADA, ÁFRICA!!!

Elena Martin

O ESPELHO-VIVO

O mais próximo da verdadeira imagem que consigo enxergar de mim é através de um espelho. Mas será que essa imagem que vejo é 100% verdadeira?

Se me coloco diante de um espelho e levanto a mão direita, ele me responde levantando a mão esquerda. Se pisco o olho esquerdo, ele me responde piscando o direito.

*É uma imagem **quase** verdadeira.*

Mas como saber de mim? Onde encontrar minha verdadeira imagem sem me deixar enganar como Narciso, que se apaixonou pela própria imagem refletida em um espelho d'água?

A resposta a essa pergunta já foi dada por muitos filósofos e pensadores: É ATRAVÉS DO OUTRO QUE CONSIGO ENXERGAR MINHA VERDADEIRA IMAGEM.

Todos nós somos espelhos-vivos, refletindo imagens àqueles que buscam verdadeiramente enxergar a si próprios. Algumas vezes, não gosto da imagem refletida por algum desses espelhos. Recuso-me a aceitá-la, pois acredito tratar-se de uma imagem distorcida por um defeito do espelho.

Mas, será?

Como posso saber se um feedback que escuto, ou se algum comportamento que recebo em troca não se trata de uma distorção da realidade?

Se me recuso a olhar essa imagem, a escutar esse feedback, perco a oportunidade de descobrir a verdade.

É na repetição do mesmo feedback, da mesma imagem refletida por diversos espelhos-vivos, que está a resposta.

Recusar a imagem refletida repetidas vezes nos espelhos-vivos de nosso convívio, é recusar o crescimento, me conformar em permanecer a mesma pessoa que sou hoje.

Feedback é uma imagem refletida. Antes de recusá-la de imediato, devo pelo menos escutar para ter a capacidade de constatar se não irá se repetir de forma consistente por outros espelhos vivos.

Mohandas Lima da Hora

Para encerrar, escolhi um capítulo com alguns olhares para a vida, para as emoções, para o que venha a ser o mundo de cada um.

No meu convite para a participação, comentei de que se tratava o meu livro e pedi apenas um texto, uma história, algo que o convidado gostaria de contar ou expressar. Poderia ser sobre sentimentos vários — raiva, amor, compaixão, trabalho, família, amizade. Sugeri que falassem do nosso planeta atualmente e quais eram suas expectativas de futuro, e finalizei dizendo que poderiam falar de doenças, curas, fé e milagres.

Foi proposital não fechar um tema.

Na realidade, meu objetivo era trazer diferentes experiências, instigando a reflexão.

Que respostas diferentes! Até respostas gráficas chegaram!

Você se expressa através do desenho, da dança e do silêncio também.

Será que você gostaria de buscar uma reflexão com o seu jeito?

O que é a sua vida?

O que representa sua família, seu trabalho, como você vê seu futuro?

Você está feliz?

Que importância tem o mundo à sua volta em sua vida pessoal?

Não importa que sua reflexão seja em forma de poesia, de redação, ou de desenhos claros ou complexos, o importante é você começar a prestar atenção ao seu mundo interior antes de responder ao exterior, é ter a consciência de que é, olhando para dentro e compreendendo a forma como está captando as inúmeras informações da vida que você poderá mudar seu futuro.

É viver com intensidade o momento presente, acreditando que é a partir dele que tudo pode começar a fazer mais sentido. É compreender que eu e você somos um; que fazemos parte de um mesmo todo.

Lembre-se que o conhecimento não faz a diferença, mas sim, a prática.

Pratique o exercício da atenção em suas emoções.

Pratique o exercício do pensamento focado acrescido da emoção consciente e comece a melhorar o nosso mundo dentro do seu meio, em sua família, com seus vizinhos, no seu trabalho...

OM MA NI PAD ME HUM!

Kerima nos brinda com este livro, compartilhando suas experiências, seu olhar, seu aprendizado, sua sabedoria e sua visão de VIDA recheada de possibilidades para nos ajudar a exercitar o novo dia, vivendo, amando e aprendendo a ser feliz.

Viver no fluxo da vida é estar em contínua transformação, é reconhecer, cada vez que aprendemos e experienciamos algo novo, que nos tornamos uma nova pessoa, essa é a maior aventura da arte de viver!

A vida sempre nos dá sinais orientadores que mostram o fluxo da energia. Cabe a nós escolher seguir o fluxo da vida que desejamos, olhar nos olhos de cada ser, de cada pessoa e sentir que fazemos todos parte do TODO. E acreditar fervorosamente que somos muito mais do que imaginamos SER e que o AMOR é a maior experiência da vida.

Embarquem nesta maravilhosa aventura e aprendam como desfrutar desse banquete que é a vida, simplesmente se entregando ao seu fluxo.

Sou grata, Kerima, por sua presença em minha vida.

Rosi Coeli

QUEM FOI...?

Max Planck

Max Karl Ernst Ludwig Planck (1858–1947), físico teórico alemão, criador da teoria quântica, que, juntamente com a Teoria Geral da Relatividade de Albert Einstein, forma os fundamentos da Física do século XX.

Em 1879, Planck obteve o doutorado, em Munique, com uma tese sobre o segundo princípio da termodinâmica. Em 1885, tornou-se professor extraordinário na Universidade de Kiel. Após alguns anos, assumiu o mesmo posto na Universidade de Berlim. Quando se aposentou, passou a proferir palestras pela Europa sobre ciência e religião.

Planck morreu em 4 de outubro de 1947. Em 1946, o governo alemão fundou a Sociedade Max Planck para o Avanço da Ciência.

O trabalho que mais lhe rendeu o título de nobreza na ciência foi a Teoria do Quantum. Trata-se de uma lei que descreve a troca de energia entre os corpos. Segundo Planck, essa transmissão se dá através da permuta de pacotes discretos entre os corpos, denominados "quanta". A Teoria Quântica teve desdobramentos inusitados, provocando mudanças em várias áreas do conhecimento: desde o paradigma dos processos de telecomunicações modernos e da tecnologia dos microcomputadores até os profundos pensamentos filosóficos do século XX.

Em 1998 Planck recebeu por esse trabalho o Prêmio Nobel de Física e a Teoria Quântica, junto com a Teoria da Relatividade, de Albert Einstein.

http://ff8.sites.uol.com.br

Einstein

Albert Einstein, físico alemão, radicou-se nos Estados Unidos e é considerado um dos maiores gênios científicos de todos os tempos. Nasceu em Ulm, mas viveu em Munique e na Suíça. Em 1900, formou-se na Escola Politécnica de Zurique. Cinco anos depois, formulou a Teoria da Relatividade Restrita e passou a publicar artigos sobre Física Teórica. Em 1909, tornou-se professor da Universidade de Zurique e, em 1914, pesquisador do Instituto de Física Kaiser Guilherme, em Berlim. Um ano depois, enuncia a Teoria Geral da Relatividade, que apresenta uma nova visão dos fenômenos gravitacionais. Em 1921, recebe o Prêmio Nobel de Física. Com a chegada de Hitler ao poder, é obrigado a fugir do país. Vai para os Estados Unidos e ganha cidadania norte-americana em 1940. Suas teorias permitem a construção da primeira bomba atômica. Após as explosões no Japão, no final da Segunda Guerra Mundial (1939–1945), defende a fiscalização do uso da energia atômica e luta pelo pacifismo. Diante dos avanços de outros cientistas, acredita que sua teoria está errada por pressupor que o Universo é estático.

http://www.unificado.com.br/calendario/09/relatividade.htm

Niels Bohr

Físico atômico nascido em Copenhague, na Dinamarca, no dia 1º de outubro de 1885. Morreu em 18 de novembro de 1962. Bohr começou fazendo um estágio de dois anos na Grã-Bretanha com uma bolsa de pesquisa. Depois de concluir a licenciatura, trabalhou com Ernest Rutherford e completou seu modelo de estudo dos átomos recorrendo à Teoria dos Quanta desenvolvida por Max Planck (modelo atômico de Bohr). Em 1916, foi nomeado professor e, em 1920, diretor do Instituto de Física Teórica de

Copenhague. Em 1922, procedeu à explicação do sistema periódico dos elementos químicos por meio da disposição dos átomos em camadas. Nesse mesmo ano, recebeu o Prêmio Nobel de Física por suas investigações sobre a estrutura do átomo. Em colaboração com Werner Heisenberg, chegou, em 1927, ao "Princípio de Incerteza", na Teoria dos Quanta. Conseguiu explicar como átomos emitem luz. Depois de emigrar para os Estados Unidos, Bohr participou entre 1943 e 1945 da construção da bomba atômica nos laboratórios de Los Álamos.

http://www.netsaber.com.br/biografias/ver_biografia.php?c=111
http://www.e-biografias.net/biografias/niels_bohr.php

*Explicações mais profundas poderão ser obtidas nos sites indicados. Pesquise, vá em busca de mais informações e pratique o que pode realmente levá-lo ao controle de sua vida e à melhoria de nosso mundo.

SITES
www.brucelipton.com.br
http://www.researchmatters.harvard.edu/
http://pt.wikipedia.org
http://www.guia.heu.nom.br/aminoacidos.htm
http://www.universitario.com.br
http://www.geocities.com/HotSprings/Spa/5011/quantum.htm
http://www.geocities.com/HotSprings/Spa/5011/quant.htm
http://www.geocities.com/HotSprings/Spa/5011/leisplan.htm

Leia também da Editora Ground

Os Códigos da ALMA
no grande jogo das freqüências
Filomena Amoroso e Simone Galib

Para a mente não há limites de tempo e espaço. Os sinais, intuições e lembranças são códigos que despertam sentimentos, tristezas, alegrias, dores e amores - um mundo de polaridades que pode ser a base do entendimento. Neste trajeto, vários códigos se apresentam para ajudar a interpretar as diversas situações da vida que passam pela ação, a integridade, a paciência, a transformação, a harmonia, a fé etc. Muitos conceitos são gatilhos para que cada um se identifique, acione seus comandos, desperte para suas grandezas e explore seus potenciais.

ANATOMIA DA CURA
O significado da doença física, mental e espiritual
Cristina Page

Examinando detalhadamente os chakras e a relação de cada um deles com as doenças, a patologia e o desenvolvimento da alma, a autora, médica conceituada e respeitada por sua pesquisa na área da saúde, explora e amplia nossa visão das doenças e de sua função, cujo objetivo é o nosso crescimento. Contém diagramas, exercícios e reflexões, tornando-se leitura indispensável e de longo alcance, não só para a saúde mas para a consciência humana.

MANUAL DE REIKI
Um guia completo para a prática do Reiki
Walter Lübeck

Walter Lübeck revela as possibilidades e limitações da aplicação do Reiki e explica o significado dos vários procedimentos no tratamento completo. As posições do Reiki são apresentadas através de ilustrações claras e delicadas, e seus efeitos sobre o organismo e o sistema de energia sutil (chacras) descritos detalhadamente. Também se aprende como tratar plantas e animais, e há respostas para as perguntas que mais freqüentemente são feitas sobre o Reiki.

RAINBOW REIKI
A expansão do Reiki através de técnicas sutis, trabalhos energéticos e espirituais
Walter Lübeck

Ao combinar o Sistema de Reiki com outras técnicas sutis, libertam-se intensos poderes espirituais. O **Rainbow Reiki** cria uma abrangência de possibilidades para a realização de trabalhos com a aura e os chakras e nsina a conectar pontos energéticos existentes com outros novos. Dele também fazem parte as Mandalas de Reiki e as Essências de Reiki cujas fórmulas podem ser utilizadas de várias maneiras para a cura holística e o desenvolvimento da personalidade.

FENG SHUI BÁSICO
Manual completo da milenar ciência chinesa aplicado à vida moderna
Victor L. Dy

A milenar sabedoria chinesa mais uma vez se impõe ao pensamento ocidental, pois o **Feng Shui** amplia o conceito moderno de Ecologia, aprofundando a harmonia que deve existir entre o Ser humano e a Terra. No aproveitamento prático da ciência do **Feng Shui**, o leitor encontrará as regras para a utilização vantajosa das boas energias e como evitar as energias negativas de um determinado local ou edifício. **Feng Shui** resulta numa fascinante leitura, levando o leitor a uma compreensão de sua importância na construção de um mundo melhor.

FENG SHUI
A Arquitetura Sagrada do Oriente
Celso Yamamoto

O modo como vivemos revela muito a nosso respeito. O local em que moramos também exerce influência direta sobre a maneira como lidamos com o mundo à nossa volta e com o nosso próprio autoconhecimento.
Assim como se usa a Acupuntura para sanar um corpo doente, o Feng Shui procura, por meio do estudo das energias vitais que circulam por uma casa, saná-las e restaurar o estado de harmonia necessário ao bem-estar de todos os que buscam abrigo sob sua proteção.

Impressão e Acabamento
Bartira
Gráfica
(011) 4393-2911